马克思主义经典文本的当代解读与中国道路
丛书主编 吴晓明

《路易·波拿巴的雾月十八日》的当代解读与中国道路

国家出版基金项目
重庆市出版专项资金资助项目

祁涛 编著

A brief Introduction to The Eighteenth Brumaire of Louis Bonaparte

重庆出版集团 重庆出版社

图书在版编目（CIP）数据

《路易·波拿巴的雾月十八日》的当代解读与中国道路 / 祁涛编著. -- 重庆：重庆出版社，2024.9
ISBN 978-7-229-18580-0

Ⅰ. ①路… Ⅱ. ①祁… Ⅲ. ①《路易·波拿巴的雾月十八日》—马克思著作研究 Ⅳ. ①A811.2

中国国家版本馆CIP数据核字(2024)第076035号

《路易·波拿巴的雾月十八日》的当代解读与中国道路
《LUYI·BONABA DE WUYUE SHIBARI》DE DANGDAI JIEDU YU ZHONGGUO DAOLU
祁　涛　编著

责任编辑：吴　昊
责任校对：李小君
装帧设计：刘沂鑫

重庆出版集团　出版
重庆出版社
重庆市南岸区南滨路162号1幢　邮政编码：400061　http://www.cqph.com
重庆出版社艺术设计有限公司制版
重庆天旭印务有限责任公司印刷
重庆出版集团图书发行有限公司发行
E-MAIL:fxchu@cqph.com　邮购电话：023-61520646
全国新华书店经销

开本：889mm×1194mm　1/32　印张：8.625　字数：140千
2024年9月第1版　2024年9月第1次印刷
ISBN 978-7-229-18580-0
定价：35.00元

如有印装质量问题，请向本集团图书发行有限公司调换：023-61520678

版权所有　侵权必究

总序

吴晓明

当中国的历史性实践进入到新的历史方位时,"世界历史"正面临着百年未有之大变局。为了理解这一变局并把握住它的根本趋势,我们尤其需要以马克思主义的理论来作为思想武器和分析工具,以便能够真正深入到"世界历史"变局的本质之中。因为直到今天,没有一种学说像马克思的学说那样,如此深刻而透彻地洞穿了现代世界的本质并将其带入到"历史科学"的掌握之中。正如海德格尔所说:马克思在体会到异化的时候,是深入到历史的本质性的一度中去了,所以马克思主义关于历史的观点比其余的历史学优越。这种优越性首先在于它的基本方法,在于这种方法将本质性导回到社会—历史的现实之中,从而要求根据特定的社会条件和时代状况展开具体化的理论研究和思想探索。

为了理解和掌握这种方法,我们就必须进入到马克思主义的经典文本之中——这是一个尽管初步但却是绝对必要的环节。如果认为马克思主义从根本上诉诸"现实",因而就以为文本、原则或原理等乃是无关紧要的和可以忽忽的,那么,这从一开始就已经误入歧途了。须知"现实"并不是知觉能够直接给予我们的东西,并不是我们睁眼就能看到的;真正的"现实",按黑格尔的说法,是"本质与实存的统一",是"展开过程中的必然性"。既然"现实"包含着本质和必然性,那么,把握"现实"就是一种很高的理论要求,就需要有理论高度上的原则或原理。所谓"经典文本",就是最集中地体现原则或原理的文献。为了将马克思主义理论把握为强大的思想武器和锐利的分析工具,首先就必须通过经典文本的广泛阅读来学习马克思主义的原则或原理——舍此没有他途。我们正是为此目的而编选这套马克思主义经典文本解读系列的。

但是,马克思主义的理论绝不停留于抽象的原则或原理,也绝不意味着只是将抽象的原则或原理先验地强加给任何对象(外在反思)。对于马克思主义来说,它的基本方法最坚决地要求使原则或原理进入到全面的具体化之中。我们知道,黑格尔早就说过:没有抽象的真理,真理是具体的;一个哲学上的原则或原理,即使是真的,只要它仅仅是一个原则或原理,它就已经是假的了。我们同样知道,马克思在《政治经济学批判导言》中,将他的方法简要地概括为"从抽象到具体";而我们耳熟能详的一句名言说:"具体情况具体分析是马克思主义的活的灵魂。"在这样的意义上,辩证法就意味着:普遍的东西要摆脱它的抽象性而经历特定的具体化。对于黑格尔和马克思来说,这样的具体化主要有两个向度,即社会的向度和历史的向度;而这就意味着:抽象普遍的东西必须经过中介——根据特定的社会条件和特定的时代状况——来得到具体化。

举例来说,马克思主义的原则或原理乃是普遍的。但正如恩格斯所说,除非这样的原则或原理能够根据特定的社会条件和时代状况被具体化,否则它就会沦为"恶劣的教条",就会转变为"唯物史观的对立物"。而根据中国特定的社会条件和时代状况得到具体化的马克思主义,就是中国化时代化的马克思主义。事实上,与中国的历史性实践建立起本质联系的,不是抽象的马克思主义,而是中国化时代化的马克思主义。同样,在"世界历史"的基本处境中,现代化乃是普遍的。如《共产党宣言》所说,任何民族——如果它不想灭亡的话——都必然被卷入到现代化的进程之中,也就是说,现代化已成为每一个民族之普遍的历史性任务。但是,除非这样的普遍任务能够根据特定的社会条件和时代状况被具体化,否则,它就没有现实性可言，它就会遭遇到巨大的挫折和严重的困境。而根据中国特定的社会条件和时代状况得到具体化的现代化进程，就意味着中国式现代化，就意味着中国特色现代化道路的积极开启和现实展开。事实上，正是中国式现代化的历史性进程才使得中国的现代化开辟出立足于自身之上的发展道路，并取得了举世瞩目的伟大成就。由此可见，在这样一种具体化的理论进程和实践进程中，就像马克思主义必然要成为中国化时代化的马克思主义一样，中国的现代化实践也必然要成为中国式的现代化。

我们的这套解读系列之所以加上"当代解读与中国道路"的标识，就是试图积极地提示马克思主义的基本方法，提示这一方法从根本上来说的具体化承诺。毫无疑问，任何一种经典文本的解读，首先要求对原著的基本理解，要求掌握它的原则或原理。同样毫无疑问，马克思主义经典文本的解读还要求原则或原理的具体化——根据特定的社会条件和时代状况而来的具体化。如果这个解读系列的尝试能够帮助读者更加全面地阅读和理解经典作家的原著，那么，我们的目的就基本达到了；如果这一尝试还能够使读者在理解原著的基础上牢记具体化的必要性并学会掌握它，那么，马克思主义的基本方法就会真正成为我们的研究指南和分析利器。凭借着这样的指南和利器，我们不仅能够更加深入地思考中国道路的本质与必然性，而且能够更加积极地回应"世界历史"变局中正在出现的重大问题与严峻挑战。

我们由衷地感谢为这套解读系列付出辛勤劳动的诸多学者和整个出版社团队，我们也真诚地希望读者们能够从中得到思想理论上的有益启示和多重收获。

2023年冬初于复旦大学

目 录

总序 /1

原著解读 /1

前言 /3

一、作品的历史背景与历史事件 /7
  （一）七月王朝 /7
  （二）二月革命 /9
  （三）六月起义 /10
  （四）总统选举 /12
  （五）法兰西第二帝国 /13

二、《雾月十八日》的结构与基本内容 /16

　　（一）第一部分 /19

　　（二）第二部分 /21

　　（三）第三部分 /23

　　（四）第四部分 /25

　　（五）第五部分 /26

　　（六）第六部分 /27

　　（七）第七部分 /29

三、重要思想家或政治家的评论 /32

　　（一）托克维尔 /33

　　（二）列宁 /35

　　（三）本雅明 /37

　　（四）柄谷行人 /39

　　（五）特瑞尔·卡弗 /41

四、《路易·波拿巴的雾月十八日》文本重要主题分析 /43

　　（一）《雾月十八日》中的历史主题 /43

　　（二）《雾月十八日》中的阶级主题 /63

　　（三）《雾月十八日》中的国家主题 /71

目录

五、《雾月十八日》的当代启示 /89
    (一)如何立足于当代而理解传统 /91
    (二)应当充分重视社会治理与国家治理的协调一致 /95
    (三)重塑"阶级分析"研究的想象力 /100

原著选读 /105

1869年第二版序言 /107

恩格斯写的1885年第三版序言 /111

路易·波拿巴的雾月十八日 /114
    一 /114
    二 /131
    三 /148
    四 /171
    五 /186
    六 /211
    七 /238

《路易·波拿巴的雾月十八日》的
当代解读与中国道路

原著解读

A BRIEF
INTRODUCTION TO
THE EIGHTEENTH
BRUMAIRE
OF LOUIS
BONAPARTE

前言

《路易·波拿巴的雾月十八日》（以下简称《雾月十八日》）总是被看作为一部政论型作品，或者是一部政治学著作，它提供了分析政治事件、阶级、官僚机构的视角与方法，这些被分析的要素是当代政治学最常见的组成要素，所以把《雾月十八日》作为一个政治学领域的经典文献是毫无问题的。然而，仅仅把《雾月十八日》看成是政治学著作，看成是一部关于国家机器与阶级斗争问题的手册，其实是窄化了这部作品的讨论范围。这部作品没有局限在政治事件与政治人物的分析上，它尤其重视政治上层建筑如何在经济基础的支配下产生作用，强调上层建筑之间彼此相互制衡的复杂性构成了何种机制。所以，这部作品虽然高度聚焦于上层建筑内部的发展运动，但它也更加强调政治事件不能仅仅通过政治的自我说明来理解政治，相反，政治与非政治因素间的关系共同构成了理解政治的条件。除了上层建筑内部各关系之间的复杂性，这部作品依然坚持了经济因素（商业规律、生产关系、所有制形式等等）之于政治的支配性作用，这一点是唯物史观的政治分析区别于其他方法的显著特征。由此而论，马克思在《雾月十八日》中的历史分析是包含着实证内容的政治哲学著述，更应该从政治哲学的视角中对它加以把握。

即使将《雾月十八日》看成是一部政治哲学著作，依然无法最为准确地体现作品最为迷人的地方。在这部作品最为显著的段落里，历史、传统、辩证法、矛盾等支配着政治分析的走向。这部作品中所有关于政治哲学的讨论都熠熠生辉，正是因为它们都是在历史哲学的框架内展开的。如果政治哲学是把握政治事件的本质根据，那么这种本质根据只有在真实理解了历史运动的根据中才能展开。在这个意义上，恩格斯在1885年《雾月十八日》德文第三版序言中写道："正是马克思最先发现了重大的历史运动规律。根据这个规律，一切历史上的斗争，无论是在政治、宗教、哲学的领域中进行的，还是在其他意识形态领域中进行的，实际上只是或多或少明显地表现了各社会阶级的斗争。"[1]阶级斗争理论并非由马克思率先发明，却是经由马克思才成为典范的重要分析方法，在马克思之后，社会学与历史学或多或少地采纳了阶级斗争学说，阶级分析成为一种重要的实证研究视角。

有别于后世实证化的研究，马克思阶级斗争学说强调其所具有的历史哲学背景，旨在反对过分的实证化研究造成阶级斗争学说的碎片化与非历史化。所谓碎片化，是指消除了阶级斗争矛盾性，把阶级还原成经济、政治的某一社会要素的取向；所谓非历史化，则是把阶级理解成超历史的社会属性，脱离了阶级在具体历史条件下的时空维度。马克思的历史哲学恰恰是反对传统历史哲学的立场，反对借助某个一般观念去统摄全部历史过程的历史形而上学。

《雾月十八日》是将各种历史情节重新加以编撰，依据事件背后的理论逻辑再次组织材料，从而为看似变化无常的故事本身赋予一种更具解释力的结构，将历史的偶然性与必然性汇通一处。这种"从抽象上升到具体"的历史叙述，建立了故事性的具体与解释性的具体之间的递进关

---

[1]《马克思恩格斯文集》第2卷，人民出版社2009年，第469页。

系。①《雾月十八日》中的历史哲学毋宁说是一种视角，后继者需要平衡结构性的恒常与事件性的偶然，这就意味着，它没有告诉读者任何一劳永逸的结论，它只是提供了一个典范性的案例分析，每一个特殊的社会都只能进行具体的分析，而不能够用普遍的结构模型套用在具体的社会之上。以上说明，旨在澄清《雾月十八日》的方法，也由此触碰到今天阅读该文本的意义，历史总是在具体社会经验中展开，而理解今天的中国社会与中国历史，也只能深入到中国社会的经验维度，实事求是地理解中国社会的现实，学理知识方能在社会生活中获得生命力，阅读文本的过程才获得展开实践活动的可能契机。

---

① 渠敬东:《返回历史视野,重塑社会学的想象力》,载《社会》2015年,第1期。

一、作品的历史背景与历史事件

《雾月十八日》经常让读者读起来迷惑，或许一个主要的原因是读者并不清楚作品的历史背景，特别是作品里出现的人物、政党与事件。对于马克思同时代的人而言，这些事情是在新闻中耳熟能详的常识，但对于不熟悉19世纪法国史的读者就显得陌生了。这里简单地介绍书中最重要的几个历史名词。

（一）七月王朝

1830年至1848年统治法国的君主立宪制王朝，国王是路易·菲利普[①]。因为菲利普出自奥尔良家族,因此又称为"奥尔良王朝",三色旗被恢复为国旗。菲利普是法国大资产阶级的代表,因此在议会选举中,大资产阶级为了保证自己的代表数,根据纳税额裁定选民,因此只有10万人具有投票权,大部分的中小资产者、工人、小工业者与农民是没有选举权的。众议院议员因此由大资产阶级与土地所有者组成,可以说,这一时期大资产阶级建立了符合自身利益的制度。

七月王朝依然面临着较大的考验,一方面正统派还在力图恢复波旁王朝,他们的政治势力在乡村与外省;另一方面共和派的反对也给了路易·菲利普的统治一定压力。共和派曾在1832年发动了由示威游行演变的武装起义,最后遭到了残酷的镇压,雨果在《悲惨世界》里重塑过这段历史。《雾月十八日》中这些政治势力依然活跃,马克思分析他们在政治立场差别的背后隐藏着决定性的经济因素,这段阶级分析也成为了著名的历史唯物主义表述。

《雾月十八日》中提到的很多人物也在七月王朝时期登上了政治的前台,比如共和派的卡芬雅克,奥尔良派的

---

① 原著中译作路易-菲力浦。

代表梯也尔（他在很长时间内都活跃在法国政坛之中），还有一位重要的政治家：基佐。他在七月王朝的最后两年担任了首相，深得路易·菲利普的信任，他最为核心的治理原则是保持秩序，这一点被马克思在《雾月十八日》中数次讽刺。最终拒绝改革的基佐内阁因无力面对商业危机而导致了巨大动荡，1848年二月革命爆发，不仅宣告了七月王朝的覆灭，也宣布了基佐内阁的终结。

（二）二月革命

1844年2月22日发生在法国的一场伟大革命起义，起义群众经过3天坚定不移的革命斗争，于2月24日推翻君主制的七月王朝，建立了共和制。《雾月十八日》的叙事可以说是以二月革命作为叙事的起点，而在马克思更早前写作的《1848至1850年的法兰西阶级斗争》（以下简称《法兰西阶级斗争》）则更加详细地聚焦于二月革命。

二月革命是由群众自发形成的革命，在当时的法国，它们要求彻底的共和制度，具有很强的先进性。然而，加入革命的资产者占据了临时政府大多数代表名额，于是

1848年革命胜利之后资产阶级加快了对临时政府的控制。临时政府迫于起义群众的压力，选择成立了法兰西第二共和国，这也是法国历史上第二个共和国。此后，临时政府宣布了一系列重要进步举措：宣布了新闻自由与集会自由、废除了殖民地的奴隶制、成年男性在一处居住满6个月之后可以成为选民，任何法国公民都可以参加国民自卫军，工人阶级的社会地位得到提升。这些进步的举措都让二月革命的胜利显示出其所具有的世界历史意义，也只有法国大革命之后的胜利景象才能与之媲美。

然而好景不长，资产阶级希望尽快确立自己的合法统治地位，临时政府于1848年4月9日举行制宪议会选举，资产阶级共和派获得了压倒性的优势，占据了880个议席中的550席，工人阶级仅仅获得了18席。这样，二月革命的果实彻底落到了资产阶级的口袋里。

（三）六月起义

临时政府在制宪议会选举结果出炉后宣布解散，完成了它的历史使命，"执行委员会"取代了它的作用。此时，领导阶层与革命群众之间的矛盾开始恶化，二月革命给整个法国所带来的焕然一新的革命形势，很快风云突变。5月15日数以万计的群众举行示威，要求国家支援起义的波兰人民。此时，1848年欧洲革命的旋风席卷了整个大陆：德意志各邦、奥地利、意大利、匈牙利等多国纷纷开展了轰轰烈烈的革命运动，波兰也是其中之一。作为革命取得胜利的法国，人民也要求政府积极帮助其他国家的革命取得胜利。

然而，国民自卫军前来镇压了示威群众，并且强制解散了国家工厂，后者是二月革命胜利之后接纳失业工人的重要组织。受到压迫的工人阶级展开了反击，6月22日数千工人走上街头，筑起堡垒向政府军展开了英勇的进攻。这就是六月起义。时任陆军部长的卡芬雅克将军镇压了起义，并且在街头堡垒战结束之后，大肆屠杀工人阶级。六月革命以工人阶级的惨痛失败告终，这也标志着资产阶级全面抛弃无产阶级，成为了法兰西第二共和国唯一的统治阶级。

（四）总统选举

路易·波拿巴①窃取政权的重要一步是赢得了1848年12月10日的总统选举，二月革命仅仅发生了10个月之后，路易·波拿巴就在全国选民的直接投票中赢得了总统选举。这一事实极大地打击了资产阶级共和派，他们没想到自己推选的卡芬雅克会遭遇如此重大的失利。事实上，投票给波拿巴的选民未必是支持波拿巴的，他们各有自己的立场和主张，工人因为仇恨卡芬雅克的镇压，宁愿选择波拿巴；君主派中的正统派与奥尔良派（被共和派推翻的旧势力）选择波拿巴，再做进一步规划，防止共和派的势力进一步扩大；农民阶层出于对拿破仑名号的崇拜，以及反感共和派制订的"45生丁税"②，也将选票投给了波拿巴。就这样，资产阶级共和派为了自己的特殊利益，人为地制

---

① 路易·波拿巴（Charles-Louis-Napoléon Bonaparte，1808—1873）即后来的拿破仑三世（Napoléon Ⅲ），他是拿破仑一世的侄子和继承人，法兰西第二共和国唯一一位总统和法兰西第二帝国唯一一位皇帝。其父也译为路易·波拿巴（Louis Napoléon Bonaparte），为拿破仑一世之弟。本书中所有路易·波拿巴皆指拿破仑三世。

② 45生丁税：由时任法国财长加尼埃—帕热斯提出的税种，即针对直接税（土地税、动产税、营业税等）的每1法郎税额增加45生的税款。由于土地税占大头，此举使农民群体利益受损，为之后的一系列政治事件埋下伏笔。

造了大批自己的敌人，也间接地帮助路易·波拿巴登上了第二共和国总统的宝座。

波拿巴成为总统之后，政坛上三股政治势力的交锋更加激烈：资产阶级共和派希望一改颓势，它们依然占据了议会的多数席位；秩序党由支持奥尔良王朝派与正统王朝派构成，代表着法国立宪君主制传统的旧势力，代表人物是梯也尔、巴罗等人；波拿巴派则希望借助波拿巴总统，进一步扩大自己的政治影响力。此时，秩序党与共和派的斗争最为激烈，波拿巴派则应势利导，善用情势，随机应变，借助两派斗争的机会暗暗增强实力。1849年5月立法议会选举，秩序党大胜，获得了713名席位中的500多名；共和派仅获得75席，遭遇惨败。值得注意的是，180名小资产阶级民主派与小资产阶级社会主义者的代表当选，成为了一股新的政治力量，即新山岳党。《雾月十八日》的中间篇章集中论述了这一部分的内容。

（五）法兰西第二帝国

《雾月十八日》几乎完整涵盖了法兰西第二共和国走

向第二帝国的过程,当秩序党赢得立法议会选举之后,法兰西第二共和国几乎毫无察觉波拿巴复辟帝制的企图,秩序党认为它们与波拿巴之间的斗争,仅仅是立法权与行政权的斗争。1850年5月立法议会通过了秩序党提出的废除普选权的草案,法国约300万人被剥夺了选举权;1851年1月,波拿巴成功安插了自己的亲信担任国民自卫队总司令与陆军部长,一举控制了军队。紧接着秩序党内部发生分裂,秩序党中的一部分议员投靠了波拿巴,这样秩序党也失去了对于立法议会多数席位的有效控制。

局势越来越向波拿巴一方倾斜,但波拿巴在1851年急需解决的事情是1852年总统任期届满的临近。此时波拿巴极为狡诈地要求恢复普选制,并一举利用秩序党被选民孤立的状态,解除立法议会,恢复普选权。1851年12月公民投票的结果是人民愿意继续保留波拿巴的权力。到了1852年元旦,局势急转直下的法国政坛仅剩下唯一一个具有巨大权力的人——路易·波拿巴。整个1852年波拿巴都加快着恢复帝制的进程,此时已经没有任何资产阶级政党能与之相抗衡,完全控制了民意的波拿巴在1852年11月恢复皇帝称号,称拿破仑三世。11月21日举行公民投票,投票结果是拿破仑三世以压倒性票数获得恢复帝制的许可,法兰西第二共和国正式宣告结束，法兰西第二帝国诞生。

值得注意的是，马克思写作《雾月十八日》的时间是1851年12月至1852年3月，所以《雾月十八日》写作的时间节点没有同法兰西第二帝国正式诞生的时间节点重合。但无论如何，马克思收笔的时候，波拿巴称帝已经是大势所趋，不可避免。

二、《雾月十八日》的结构与基本内容

　　《雾月十八日》的编辑出版一般会附上两个序言：马克思在1869年写的第二版序言和恩格斯在1885年写的第三版序言。这两版序言都是在《雾月十八日》初次出版数十年后再版时加上的，因此皆有回顾评论的意味。马克思的序言介绍了写作这场政治事件的缘起，并对同一时期维克多·雨果与蒲鲁东的相关作品作出评论。在他看来，雨果想要将拿破仑三世写成小人的方式来批评他，但又将一切事情归因于拿破仑三世个人的暴力行为，这不过是从反面过度强调了拿破仑个人对历史进程的影响。雨果还给拿破仑三世取名为"小拿破仑"，这暗示了一种与拿破仑一世的对照，因此从一定程度上肯定了迷信拿破仑的现

象。①针对普鲁东，马克思认为他对政变事件的构想自以为是遵循历史发展规律，却无意中为个人行为做出了辩护，抽象的历史为其自身承担责任，个人行为的自主性与偶然性被无视了。

马克思在1869年第二版序言中透露了写作目的，他力图证明平庸的拿破仑三世之所以能够成为"英雄"的原因，在于法国阶级斗争提供了何种历史局势和条件，让这场闹剧成为了可能。同时，阶级斗争的重要性恰恰在于，以无产阶级为主体的阶级斗争已经成为现代社会的基本原则。

1885年《雾月十八日》第三版出版时，马克思已经去世，因此恩格斯撰写了第三版序言。恩格斯格外强调了阶级斗争之于历史运动的重要性，历史上的一切斗争形式，或多或少地表现为各社会阶级的斗争，而这种斗争又受到经济状况的发展程度、生产的性质和方式，以及由生产所决定的交换性质和方式的制约。因此，无论政治上层建筑的自我演绎多么纷繁复杂，借助阶级分析的历史工具是可以还原出政治斗争的根本动因。《雾月十八日》的两版序

---

① [德]马克思:《伦敦的法国人审判案》,《马克思恩格斯全集》(第一版)第12卷,人民出版社2016年,第456页。

言都具备着一定的导读作用，作出了相关结论性的表述，但是《雾月十八日》包含着多层次、多线索的论证逻辑，这些内容则是无法涵括在两版序言之中的。

《雾月十八日》正文一共分为七部分，每部分没有对应的小标题。正如波拿巴上台错综复杂的过程，马克思的正文也一样呈现出高度复杂的结构，对读者而言具备着一定的阅读难度。《雾月十八日》是一部处于运动当中的作品，作品既展现了历史过程的运动，作品本身的逻辑展开也是以运动的方式呈现的，读者在阅读中能明显感受到作品以一种独特的速率运动着。从叙事方法上看，马克思没有采取传统史学的叙事方式，也不像其哲学或政治经济学的写作方式，而是以阶级分析为基本线索，呈现整个历史运动的全景。这样，历史运动不再仅仅是根据时间的先后顺序呈现，而是基于阶级斗争的逻辑展开。有学者总结出《雾月十八日》的理论明线与暗线，明线是历史沿阶级的革命性不断倒退的线索，暗线是国家相对自主性问题的呈现。①国家相对自主性问题的呈现与其说是线索，不如说是明线背后社会结构的运动结果，明线更像是社会结构变

---

① 应星：《事件社会学脉络下的阶级政治与国家自主性——马克思〈路易·波拿巴的雾月十八日〉新释》，载《社会学研究》第2期，2017年。

迁的舞台效果。总而言之，《雾月十八日》在呈现法国阶级斗争的图景时，同时分析了阶级斗争之所以形成的条件与机制。无论历史当事人是否清楚地意识到这些条件，条件与机制都不由分说地推进着历史发展的步伐。就总的结构来说，马克思在《雾月十八日》的第一部分与第七部分有更多的提炼性与总结性观点，而第二部分至第六部分更多是具体的阶级分析段落。

（一）第一部分

该部分是以历史哲学作为开头，马克思将政治哲学融入历史哲学的主题，又归纳出具体的历史情境的政治意义。因此，正文的第一部分讨论了传统与现代的关系，世界历史的反复，社会革命与政治革命的差别，历史运动的辩证法。这些讨论一方面总结了19世纪的法国资产阶级革命的历史特征；另一方面澄清了波拿巴政变的前提性条件。

第一部分的起点是讨论资产阶级革命与无产阶级革命的根本差异。1789年法国大革命之后，法国社会逐渐形成了资本主义生产方式占主导的社会条件，因此在政治领域呼唤着一场资产阶级革命。1848年二月革命的本来目标是扩大资产阶级的政治统治，然而二月革命的实际过程同时引发了无产阶级革命的内容。

马克思在第一部分中强调，资产阶级革命的目标是资产阶级的政治统治，它要求资产阶级成为政治上的特权阶级，这是法国资产阶级在1848年革命中的诉诸。无产阶级革命诉诸的是社会革命，它不仅要求在政体上推翻资产阶级君主制，实现资产阶级社会的政治变革。它更要求全面变革资产阶级社会的生产关系与社会关系，建立新的社会形态。具有两种不同目标的革命阶级合流于1848年革命，表现了《共产党宣言》中论述过的主题，即为什么现代无产阶级革命会孕育在资产阶级革命之中。

马克思在《雾月十八日》的第一部分对此做了延伸性的解释，这两种革命之间既不是融合的关系，也不是对立的关系，而是具有极其复杂的张力。这也是为什么马克思会强调，如果不能理解资产阶级革命与无产阶级革命的根本差异，就不能够理解它们之间的张力是如何在1848年的法国造成了特殊的历史情势，进而构成了社会与国家运动着的、高度错综复杂的矛盾关系，最终为波拿巴的政治反动创造了客观的历史条件。

在第一部分，马克思也总结了从1848年2月24日至1851年12月的三个事件分期。第一个时期是1848年2月24日至1848年5月4日的"二月时期"，其成果是推翻了路易·菲利普政府，建立了法兰西第二共和国，此时是革命的序幕。第二个时期是1848年5月4日至1849年5月28日，其标志是国民议会的开幕，无产阶级在1848年6月发动"六月革命"，旋即遭到资产阶级政府的镇压。无产阶级在失败之后，退到了历史舞台的幕后。1848年12月10日路易·波拿巴在选举中获胜，当选法兰西第二共和国的总统。第三个时期是1849年5月28日至1851年12月2日，1849年5月28日立法国民议会召开，至1851年12月2日被拿破仑三世解散。这一时期是议会制共和国的存在时期，也是法兰西第二帝国建立之前，资产阶级议会统治的最后阶段。

（二）第二部分

马克思单独分析了1848年"六月革命"至1849年5月

期间的历史,即资产阶级共和派统治与瓦解的历史。在这一时期,资产阶级共和国的临时政府,由分享革命胜利果实的各个不同党派按人数比例联合构成,反映出其为各个不同阶级间妥协的产物。

由于资产阶级参与1848年革命的目标是扩大自己的政治统治,然而革命之后的政权又不得不是妥协的结果,他们自然选择排除无产阶级的政治参与,因此资产阶级将斗争的目标指向了无产阶级。不同于《1848至1850年的法兰西阶级斗争》中以无产阶级的失败为核心的分析,《雾月十八日》的第二部分,马克思着重强调了无产阶级在1848年革命之后所遭受的失败,直接原因在于他们无法认清资产阶级统治的实质。一方面资产阶级革命目标是追求共和国公民的普遍权利;另一方面他们又诉求作为特权阶级的政治统治,因此资产阶级革命目标与统治逻辑之间的矛盾,造就了他们一定会在夺取政权之后,不再选择同无产阶级继续联盟。

也是在第二部分,马克思开始深入到现代政治制度问题的具体考察中去了。资产阶级统治形式与他们的革命目标之间的矛盾,引向了资产阶级与无产阶级之间必然的阶级斗争这条线索。那么,国民议会与总统之间在宪法中的矛盾，则不可避免地会扩大资产阶级间的矛盾，随后历史所展现的资产阶级联合统治的分化与瓦解，在其法制与政体中已经暗含了相应的内在缺陷。这一点，也是阅读《雾月十八日》第二部分应当加以注意的。

（三）第三部分

第三部分直接延续了第二部分的内容，更深入地分析了第二部分提出的两种主要矛盾。第三部分开头所谓"上升的路线"与"下降的路线"，分别对应着法国大革命与1848年革命在发展道路上的不同，"上升的路线"指称法国大革命代表的，内在于资产阶级革命的彻底性，表现为新革命推翻旧革命的不停歇运动；"下降的路线"反映了1848年革命之后，资产阶级统治为了寻求特权，不断倒退成一个阶级对其他阶级统治的过程。《雾月十八日》刻画的历史进程正是"下降的路线"中的阶级斗争及其背后机制问题。

第三部分最主要的内容聚焦在资产阶级内部的阶级斗争关系。在议会共和国时期，议会中各政党之间的矛盾关系，不同政治派别的阶级状况，它们的政治行动共同造成了"下降的路线"的历史场景。马克思在第三部分展现了高超的叙事水准与修辞能力，他采用特殊的"透视"笔法展现了不同政治派别之间斗争空间的重叠：第一种视角是各派系之间吵吵闹闹的理念与原则；第二种视角是各派系与其理念不相一致的政治行动；第三种视角则是马克思从唯物史观的立场观察到真正造成派系之间根本分歧的原因，不同所有制形式与物质条件之间的差异所造成的矛盾。三种视角在马克思笔下灵活转变，表现了同一历史场域在不同历史主体眼中的区别。

自无产阶级被镇压之后，此时资产阶级内部矛盾主要集中在秩序党与新山岳党之间，新山岳党代表了小资产阶级的利益与立场，政治行动上摇摆在资产阶级与无产阶级之间。起初，山岳党为了反对秩序党的特权统治，试图在议会斗争中对抗秩序党，这样既可以瓦解大资产阶级的政治势力，又不让无产阶级过度参与到政治运动中。山岳党在议会斗争中失利，转向了和平示威游行，又被秩序党冠以"破坏秩序"加以镇压。在第三部分，虽然波拿巴还没有处于矛盾的中心，但马克思已经分析指出，秩序党客观上在替波拿巴行动，新山岳党的失败是波拿巴的直接胜利。

（四）第四部分

该部分的主题是秩序党在议会专政时期的统治。表面上看，秩序党在这一时期得到了最高的政府权力，事实上，秩序党议会专政的危机即将浮出水面。第四部分的开端，马克思从解散内阁的性质中认为，虽然秩序党控制着议会，但它们已经丧失了掌握行政权的基础。在法国，资产阶级的物质利益是与国家机器紧密交织在一起的，一旦秩序党丧失了支配行政权的能力，而且让行政权成为与自己相敌对的权力，秩序党的危机就已经迫在眉睫了。

也是在第四部分，马克思开始加强结合阶级与社会的关系的分析。秩序党的统治之所以制造了越来越多的敌人，既有因为他们为寻求特权统治不断打击别的阶级（如无产阶级、山岳党等），更有因为要维持秩序党物质利益的所有制形式而与其他阶级相对立，因此他们必然会在政治统治中与其他阶级相分离，也一定会与其他阶级相对抗。当秩序党赢得了统治特权之后，他们也同时进一步扩大了资产阶级社会基础的瓦解，这是造成了秩序党最终失败的根本原因，同时是波拿巴得以上台的有利条件，在这一部分，波拿巴的势力开始崛起。

秩序党的麻烦不止于此，他们先前用来批评其他阶级的理由，如"危害安宁""社会主义"等现在却开始殃及自身。资产阶级革命所追求的公民自由，制度进步被看作是秩序的敌人，现在失去了行政权的秩序党，只有依靠议会制度来维持他们有限的政治统治。一旦行政权进一步进攻议会制度，他们就陷入到自我矛盾的痛苦境地：要么不断地向行政权让步，要么展开积极斗争，成为"秩序"的敌人。秩序党的两难处境成为了波拿巴向秩序党进攻的重要方向。

（五）第五部分

该部分叙述了秩序党与波拿巴直接斗争的具体内容，随着斗争的逐渐尖锐化，资产阶级统治的内在矛盾以一种制度化的形式展现出来。1850年11月国民议会复会之后，法国政坛仅有的两大政治势力，即掌握国民议会的秩序党与掌握了行政权的波拿巴，两者展开了公开斗争。

秩序党在反对其他阶级的斗争中破坏了议会制度的存在条件，他们丧失了军队，企图重新夺回行政权的举动也以失败告终，此时的秩序党已经彻底失去了使用暴力的能力。波拿巴与资产阶级的斗争是"你死我活"的生死斗争，秩序党唯一能控制的议会恰恰是分权制的，波拿巴掌握的行政权却是权力集中制的，在这场斗争中，一切有利的因素都向着波拿巴一方倾斜，因为一切有利的形势关系都落入到波拿巴的手中。

1851年1月18日，秩序党在和波拿巴的冲突中失去了议会的多数席位，这是打在秩序党身上的最后一击。议会制度在行政权面前奄奄一息，作为资产阶级革命的重要成果，议会制度是体现资产阶级普遍性政治诉诸的制度，最终瓦解在资产阶级的特权统治之下。资产阶级不仅没能建立起一个强有力的政府，用来巩固与保卫资产阶级革命的果实，反而错认革命的果实为统治的武器，没能把国家机器真正掌握在自己的手里，最终让波拿巴窃取了革命。

（六）第六部分

该部分讲述了议会与波拿巴最后的斗争，以及波拿巴的胜利。波拿巴也有他自己的麻烦，如果他不能通过修宪延长总统任期，之前的努力就会付之东流。深陷于内在矛盾之中的秩序党不仅无力阻挡波拿巴，修宪问题还造成了秩序党内部两大派别——正统派与奥尔良派的分裂，修宪影响到他们不同的物质利益，由此引发的矛盾破坏了他们在议会中脆弱的联合。

在这部分的论述里，马克思特别提到了商业危机对于政局的影响，这一点恰恰是马克思主义分析资产阶级政治所极为敏感的视角，一方面商业危机背后的生产过剩是国内市场经济危机的来源；另一方面商业危机会造成世界市场的波动，影响国际关系。这两方面共同影响了国内政治局势的状况，有了政治经济学批判所揭示的危机视角，《雾月十八日》的政治分析具有了更加浓重的马克思主义方法论色彩。

《雾月十八日》关注了很多不处于政治斗争前台，却影响着政局走向的因素，如流氓无产者、小农、警察、教皇等等。第六部分马克思提到了社会舆论的作用。秩序党分裂之后，议会外的资产阶级社会舆论也分裂了，他们的舆论不再了解他们，也就不能再发挥喉舌的作用替他们向民众做宣传。反观波拿巴，他进退自如地散布着谣言，配合着他的行动有的放矢。一句话，控制了意识形态的统治阶级才是真正能够实现统治的阶级。

（七）第七部分

该部分是《雾月十八日》的结论部分，在波拿巴的阴谋即将获得最终胜利之际，马克思需要解释波拿巴上台的根本原因，根据波拿巴政权的基本性质，进而讨论未来的革命运动如何在波拿巴执政时期继续开展。具体地说，第七部分围绕着三个问题展开：一是为什么在法国，行政权可以压倒立法权获得自主统治；二是为什么社会革命会在1852年的法国遭受彻底失败，以及无产阶级为什么无法拯救资产阶级统治；三是为什么行政权的自主统治注定会遭到失败，以及波拿巴政权为何一定会自我瓦解。

人们相对熟悉的有关国家机器、官僚制度以及小农阶层的段落分析，都是围绕着第一个问题展开的。在马克思看来，国家机器、官僚制度和小农阶层之间的紧密联系构成了法国特殊的社会条件，它们应当结合起来得到分析，行政权是在相应历史条件下得到的发展。同样，国家机器原本只是统治阶级的工具，但到了1852年，随着法国中央集权的加强，国家与市民社会的分离形式更加明显，由此国家机器获得了"相对自主性"。第七部分的另一个重要议题"拿破仑观念"，在解释小农阶层为什么会选择支持波拿巴的时候，马克思指出了小农阶层所深陷的"拿破仑观念"，即无条件地支持小块土地所有制、一个强有力的政府、教士的统治以及民族主义笼罩下的军队。这些"拿破仑观念"产生的根本原因是不发达的小块土地制所相应配套出的不成熟观念。

1848年的社会革命缺乏关于法国社会基本性质的正确理解，法国的无产阶级虽然提出了革命的目标，却无法在革命的进程中理解自己的阶级地位，没能够合适处理同包括资产阶级与小农阶层在内的阶级关系，随着革命的发展，无产阶级发现自己站在了其他阶级的对立面，如此社会革命便不再具备现实性的基础。同样，一旦资产阶级的统治获得最广泛、最普遍和最彻底的表现，它们的统治就会遭受最彻底的灭亡。在资产阶级革命的内在逻辑中，资产阶级的危机可以借助无产阶级的革命来拯救，但是1848年之后的法国，无产阶级的政治力量被资产阶级消灭之后，资产阶级便无法依靠无产阶级来拯救自身了。因此，社会革命的失败是波拿巴上台的重要前提。

在1848年革命失败的消极气氛中，马克思需要指出未来无产阶级革命的出路。《雾月十八日》不仅仅是一部回顾历史的文本，它更是一部积极参与正在发生的政治局面，为无产阶级革命提供未来方案的政治介入文本。既然波拿巴的复辟是因为他借助了客观社会条件的矛盾，按照相同的历史逻辑，无法真正解决社会矛盾的波拿巴一定会遭受到致命的挫折。马克思的判断是，只要资本主义社会继续发展，小块土地所有制就无法一直维系下去，波拿巴政权的基础就会受到根本性的瓦解。那么他借助行政权所暂时调和的社会矛盾与利益矛盾，一定会在法国社会再度爆发出来。马克思暗示道，当"拿破仑的铜像从旺多姆圆柱[①]顶上倒塌下来"时，社会革命就赢来了革命的有利条件，在此之前无产阶级应该做好充分的准备。

[①] 旺多姆圆柱，位于巴黎旺多姆广场中心的纪念铜柱，亦称凯旋柱。是1805年奥斯特里茨战役胜利后，法国元老院为拿破仑建立的一座记功碑。

三、重要思想家或政治家的评论

很多思想家都评价过《雾月十八日》，近年来也有不少学者专门撰文解读《雾月十八日》。重点在于这些思想家是否对《雾月十八日》有独一无二的见解与解读，能够帮助读者扩展出马克思本人都未曾想到过的视野，从而帮助我们建立起比较视野，对作品的内涵产生更加细腻且多元的解释。

应该说，无论是恩格斯、列宁等马克思主义理论家，还是卢卡奇、本雅明乃至德里达等西方马克思主义学者，他们都分别提供了独特的解读视角。这里笔者仅选取托克维尔、列宁、本雅明和柄谷行人的解读视角，以丰富读者阅读《雾月十八日》的理论想象力。

原著解读

（一）托克维尔

马克思同时代人托克维尔①关于同一事件写作的《回忆录》值得与《雾月十八日》对照着阅读。《回忆录》的写作时间处于他两部名著《论美国的民主》（上下卷分别于1835年和1840年刊行）和《旧制度与大革命》（1856年）之间，但他嘱咐生前不准出版，因此直到他逝世之后的1893年才正式刊行。托克维尔的《回忆录》提供了1848年革命至拿破仑三世上台期间的"内在视野"。所谓"内在视野"，是因为托克维尔于1849年6月参与内阁选举，并当选为法兰西第二共和国的外交部长。托克维尔的回忆从历史当事人的视角提供了他的观察，相较于马克思的分析，托克维尔提供了历史的第一手材料。

托克维尔的著作始终对于社会变革极为敏感，他关心旧制度的瓦解与新秩序建立之间的复杂关系，这种变革不是通过某种简单地替换就能推动社会进步的，相反，资产阶级与贵族对于法律和秩序的建构可能会威胁着自由，已

---

① 阿历克西·德·托克维尔（Alexis de Tocqueville, 1805—1859），法国历史学家，政治家，社会学（政治社会学）奠基人。主要代表作有《论美国的民主》《旧制度与大革命》等。

经失败的专制制度依然具有复辟的机会。在《回忆录》中，我们可以清晰地觉察到托克维尔所分析的议会资产者的摇摆不定：一面畏惧革命，一面恐惧专制。在《回忆录》中，托克维尔也描述了他印象中的拿破仑三世，这个人寡言少语，不善于表达，却城府很深，善于密谋；面对危险不乏勇气，做决定前又优柔寡断。托克维尔说，时势推动造就了他的成功与力量，"因为世界就是个奇特的舞台，在上面表演的最拙劣的家伙往往最获成功。……倘若路易·拿破仑是个智者，或者甚至是个天才，他也许永远当不了共和国总统。"①

正如托克维尔所言，时势成就了拿破仑三世的成功，但托克维尔本人却未能准确地理解这种时势。虽然他有着敏锐的历史感与卓越的观察力，但终究这种观察力被局限在普通人事的范围内。他有时候所迸发出天才的洞察，例如他意识到商业危机在1848年革命所带来的影响，却无法进一步考虑商业危机对于社会变动所造成的结构性变化。今天中国历史学界高度重视历史当事人的论述，以为呈现第一手材料是最了不得的工作。然而，研究者也应当注意

---

① ［法］托克维尔：《回忆录》，周炽湛、曾晓阳译，上海人民出版社2005年，第225页。

到当事人受其身份、阶级状况、知识背景所带来的叙事局限，他不仅只能观察并叙述自己能看见的历史情景，而且他未必能做出第一流的历史判断。在这一点上，《雾月十八日》要比托克维尔的《回忆录》出色得多。马克思的分析实际上更难被后来研究者自觉掌握，因为它不仅要对经验进行抽象，再进行分析；更重要的是，要抓住历史事件背后的根本性动因。

（二）列宁

列宁的《国家与革命》有不少篇幅涉及《雾月十八日》，他关注的焦点是国家机器问题。列宁选取了《雾月十八日》中提到国家机器的段落，认为马克思在这里已经比《共产党宣言》时期前进了一大步，因为他具体地提到国家机器必须打碎，必须被摧毁。同样，他还注意到马克思有关官僚制度的段落，指出官僚机构与常备军队是依附于国家机器上的"寄生虫"，是统治阶级展开统治的工具。值得注意的是，《国家与革命》是一部有着明确理论指向的著作，它绝不是为了要做马克思国家哲学的相关注释，而是要为无产阶级粉碎国家机器的革命运动提供理论依据和实践指南。因此,《国家与革命》所选择《雾月十八日》的段落是非常有针对性的,分析国家机器的段落是为了衬托列宁写作的目标而被选取的,列宁从这里也发展出属于自己的国家理论,同时也发展了马克思主义政治哲学与革命理论。

《国家与革命》主要发展了《雾月十八日》的两方面内容,第一,国家机器在帝国主义时期的发展。马克思写作的年代尚未到资本主义垄断组织的帝国主义时期,列宁注意到帝国主义时期的国家机器相较之前更加强大了。第二,列宁更加强调了无产阶级专政的思想。《雾月十八日》中,无产阶级革命遭遇的失败很大程度上在于革命时机的不成熟,分析阶级状况与阶级斗争的客观条件成了《雾月十八日》的重要理论目标。列宁写作《国家与革命》的侧重点已经转为如何领导无产阶级完成革命,因此仅仅理解和承认阶级斗争是无法转化为实践问题的,列宁认为马克思主义者也必须同时强调无产阶级专政才能成为马克思主义者。在这一点上,列宁的革命与国家理论为整个20世纪世界社会主义运动奠定了基调。马克思主义学说向来不是封闭的思想体系,它是在实践运动中不断发展与完善的开放体系。正因此，我们使用马克思主义理论的武器时，尤其要注意理论与实际历史情况的结合，而不可将理论看作是某种不可动摇、不可更改的绝对真理。

（三）本雅明

本雅明[①]（Walter Benjamin）的数篇文章都曾引用过《雾月十八日》，他似乎被马克思分析大量历史细节的描绘所触动。本雅明的《波德莱尔笔下的第二帝国的巴黎》《巴黎，19世纪的首都》与《雾月十八日》存在着一定程度上理论发展的关系，他们都聚焦于从路易·菲利普至路易·波拿巴第二帝国这一时期（本雅明的时间线要更长一些，马克思的分析浓缩在1848年至1852年），本雅明采用显微镜般的微观视角重思了马克思著作的历史环境，透视了革命发生的场所——巴黎。某种程度上说，本雅明是转移了马克思分析的视角，从上层建筑间的冲突转到城市之中，城市作为资产者与无产者共同生活的场所，一样呈现

[①] 瓦尔特·本雅明（Walter Benjamin，1892—1940），犹太哲学家，文化评论家和散文家，代表作有《单向街》《机械复制时代的艺术作品》等。

着相互斗争的关系。这样，一些仿佛只能在政治活动中出现的原则，被呈现在都市生活中，呈现在每一个生活在城市的生命里，透露出资产阶级生活的真相。可以说，历史唯物主义在本雅明的笔下被微观化了。

在《巴黎，19世纪的首都》中，时代所孕育的重大事变，或是不经意间的风格变化，都展现在现代都市的市政变化中。例如建筑风格，第二帝国开始使用钢铁建造城市，这种新的艺术形式要表现力量。建筑的原则要以钢铁的功能性质来统治建筑，同样帝国是革命的恐怖主义的形式，国家将在它内部自行灭亡。建筑风格隐喻了国家统治的原则。本雅明同时注意到巴黎街道的变化，19世纪的巴黎城可以容纳流荡者、波西米亚人，他们也出现在《雾月十八日》的描述中——密谋者、流浪汉和一切无法被组织化的游民。偏偏这些人也在政治运动中暗暗发挥着功能。本雅明对马克思分析的补充在于，如果不去观察城市在历史唯物主义意义上的变化，即一座城市的功能和风格的变迁史，我们也无法充分理解历史进程所必需的空间物质条件。本雅明指出，奥斯曼[①]负责巴黎改造工程，一方面全

[①] 乔治-欧仁·奥斯曼（Baron Georges-Eugène Haussmann, 1809—1891），法国城市规划师，主持了1852—1870年的巴黎城市规划。

面推进了巴黎的现代化,并使之成为现代都市的典范。另一方面,他又默默地与拿破仑三世合谋,将城市拆迁,街道拓宽,为的是不让巴黎街头轻易设置堡垒,同时新的街道为兵营和平民区之间提供了最短的路线。所以,城市规划中同样隐含着阶级斗争,只不过用一种不大令人察觉的方式,以彻底的工具理性为统治者提供统治上的便利。本雅明在这一点上,丰富并补充了马克思的分析。

(四)柄谷行人

柄谷行人[①](Kojin Karatani)非常喜欢《雾月十八日》的文本,他擅长利用《雾月十八日》来表达自己的理论。在《马克思,其可能性的中心》中柄谷行人注意到《雾月十八日》中意识形态的问题。一般以为,马克思描绘出的政治过程是由一系列事件所构成的现象,马克思试图在现象背后寻找科学的解释。在柄谷行人看来,政治活动本身就是一场庞大的"言说空间",不同阶级、不同

---

① 柄谷行人(1941—),日本思想家,文学评论家,社会活动家,日本现代三大艺批评家之一。

政党与不同主体使用着不同的"语言"来介入历史，一齐构成历史过程与最终结果，因此事件是在"语言"的表述及其意义展开中构成的。同样，柄谷行人解读"代表者"与"被代表者"的关系也是从言说问题着眼的，阶级代表与阶级之间的关系不是固定的，也不是必然的，他们在"言说"上的差异体现了资产阶级代表制中的断裂问题。

在《历史与反复》一书中，柄谷行人解读《雾月十八日》的方式转到了历史问题。他从《资本论》中谈论经济危机的周期理论，注意到资本主义政治也面临着不可避免的历史反复问题。所谓反复，并不是事件（内容）的重复出现，而是指形式（结构）的再现。波拿巴作为皇帝的"复活"被看成是代表制度的结构性危机造就的，因为代表体系作为一种表象的体系是一个有间隙的系统，也就是说，它是存在着周期性危机的系统。柄谷行人延续了讨论代表制的基本立场，仍然认为"代表者"与"被代表者"之间存在任意性的联系，它们是在政治想象中获得了某种虚幻的整合形式。

然而，这种虚幻的整合形式会在周期性经济危机的冲击下暴露出矛盾，只不过矛盾不一定会以扬弃的方式得到解决，也可能落入到一种"强制性反复"的历史运动中。历史以某种重复形式再现了过去的事件，但是历史人物的个人意志与他们取得的历史效果是截然相反的。柄谷行人想要强调的是，我们对于20世纪乃至当代政治局势的理解，要加入历史反复的视角加以理解，而不要把它们当作一种新事物来对待。

（五）特瑞尔·卡弗

当代英美学界研究《雾月十八日》最重要的专家是特瑞尔·卡弗（Terrell Carver），他也是《剑桥政治思想史》（*Cambridge Texts in the History of Political Thought*）中《马克思晚期政治著作选》的编者。在Peter Baehr与Melvin Richter编的《历史与理论中的独裁》（*Dictatorship in History and Theory*）一书中，卡弗的文章讨论了《雾月十八日》中有关民主、独裁与阶级斗争之间的关系。在他2017年的新书《马克思》中，他认为《雾月十八日》关注于正在生成的历史，并且借助一种"美学"的视角体现马克思有意让自己的读者注意到不同人物的多种政治介入模式，由此我们才能更好理解马克思作为一个政治介入者的身份，为何要使用特殊的书写方式（例如反讽、影射等修辞方式）。

四、《路易·波拿巴的雾月十八日》文本重要主题分析

(一)《雾月十八日》中的历史主题

> 死人复活了,
> 活人却被埋葬在
> 自己的神话里。
>
> ——阿多尼斯《札记》

1. 悲剧与笑剧

人们总是忘了《雾月十八日》的开篇是历史主题。马

克思在开头写道："黑格尔在某个地方说过,一切伟大的世界历史事变和人物,可以说都出现两次。他忘记补充一点:第一次是作为悲剧出现,第二次是作为笑剧出现。"马克思引用的出处是黑格尔的《历史哲学》:

因为从古到近的一切时期内,如果某种国家变革重复发生,人们总会把它当成既成的东西而认可。这样就有了拿破仑的两次被捕,波旁王室的两次被驱逐。由于重复,开初只是偶然和可能的东西便成了现实的和得到确认的东西了。①

在古希腊的悲剧叙事中预言具有重要的功能,就算如俄狄浦斯那样想要尽力避免预言中的悲剧发生,但悲剧最终还是会以各种巧合的方式成真。悲剧之所以是悲剧,在于它实现预言的必然性,人们提前知道了它的结局,却无力改变它的进程。黑格尔历史哲学调转了古希腊悲剧的认识方向,人们能认识历史事件的正当性意义,并不是在事前预先知道的,而是在事情重复发生了之后,才明白悲剧

① [德]黑格尔:《历史哲学》,王造时译,上海书店出版社2006,第558页。

或喜剧的内涵。历史的意义是在事后方能知晓的。黑格尔的调转延续了近代自维科[①]以来历史哲学的基调,他与维科同样认为历史的意义是蕴涵在已有的历史进程之中,但黑格尔认为历史的理解是在历史完成之后的,这是他区别于维科的"天意"(Providence)和康德"隐秘的自然计划"(A Concealed Plan of Nature)的地方。所以黑格尔的历史哲学摆脱了一切传说、预言和神话的种种现代变形,历史意义总是通过历史的自我言说来呈现。

一桩具有深刻历史意义的事件第一次发生的时候,人们往往不能意识到该事件所具有的深远意义,直到这件事情发生了第二次,也就是事件重复了自身之后,人们才能意识到该事件的真正意涵。黑格尔在《历史哲学》里举了恺撒的例子。恺撒亲手结束了共和制,改罗马共和国为罗马帝国,自己成为帝国的皇帝。以布鲁图斯为首的共和派决定杀掉恺撒以维护罗马的共和制。在刺杀活动尚未发生之前,所有参与改变历史的当事人都不能理解已有历史的必然性:罗马共和国早已成为徒有其表的外壳,罗马帝国是历史的现实性存在。布鲁图斯代表了一种天真的观念,

---

[①] 维科(Giovanni Battista Vico,1668—1744),意大利哲学家,被视为近代历史哲学之祖和精神哲学原理奠基者。

认为恺撒的死亡能让罗马恢复共和制度，但历史的必然性却不以关键人物的死亡为转变。同样，恺撒不清楚的是，从罗马共和国向罗马帝国的转型仍然需要时间上的准备，虽然罗马帝国在历史现实性上已经实现，但是在实存的政治层面上依然是尚待发展的。按照黑格尔的说法，合乎理性的事物尚未完全获得其实存的形式。因此恺撒遭遇到了被刺杀的悲剧结局，就其根本是因为历史实存与历史现实之间的不协调，马克思在《黑格尔法哲学批判导言》中表达过类似的意思：

如果想从德国的现状本身出发，即使采取唯一适当的方式，就是说采取否定的方式，结果依然是时代错乱……即使我否定了1843年的德国制度，但是按照法国的纪年，我也不会处在1789年，更不会是处在当代的焦点。①

陷于进步史观幻觉的人们往往认为，实存的事物是处在历史发展的最前沿，也指认了世界历史的发展方向。然而，在每一个历史阶段，事物的现实性与合理性多少存在

---

① 《马克思恩格斯全集》第3卷，人民出版社2002年，第200—201页。

着错位的关系。既然处于历史实践中的人们往往不能理解这种错位关系，那么实践的意图与实践的结果之间便会产生出不一致的状况，历史的悲喜剧也随之产生。在《雾月十八日》的开头，马克思讲的悲剧与笑剧分别对应了两种截然相反的错位关系。

马克思顺着黑格尔历史哲学所讲的悲喜剧，不免有一种讽刺的味道。马克思说的悲剧是指法国大革命。法国大革命是法国资产阶级领导的一场具有世界历史意义的革命运动，它充分贯彻了资产阶级革命的特点，它要求将自由、平等与博爱的精神推到极端，要求将精神化用到每一个人身上。黑格尔以普遍意志扬弃个人意志以达到绝对自由，来表述法国大革命的精神。法国大革命的政治浪潮异常迅猛，每一个革命派别都认为前一个派别没有坚持革命的彻底性，然后将前一个派别送上断头台。马克思称这个过程为"上升的路线"，后一个派别越是更加彻底，也就更加激进。法国大革命的原则预设了一种抽象的普遍性，每一个人都要成为标准的现代公民，但大革命的领袖无法在革命进程中意识到，无论他们在政治上如何彻底贯彻这一原则，当时的社会经济条件是根本无法实现普遍人性的诉诸。①法国社会的历史实存远远跟不上大革命的要求，即使法国大革命在原则上宣告了现代世界的诞生。从结局上看，法国大革命的革命不仅造成了过分的流血恐怖，也颠覆了自己的共和制度，让拿破仑登上了皇帝之位。

1851年12月3日恩格斯致马克思的信中提到小波拿巴（路易·波拿巴）模仿拿破仑波拿巴的政变："这样，我们终于来到了雾月十八日。"②"雾月十八日"是拿破仑一世于1799年政变的日子，小波拿巴也要实现一次帝制的复辟，同样一位叫拿破仑的人结束了共和制度，法国的历史仿佛回到了拿破仑一世的1799年。这样，1848年二月革命之后的资产阶级统治史，也是一部共和制度再度被波拿巴所窃取的历史。与法国大革命不同的是，1848年革命时期的法国资产阶级统治不再坚持资产阶级革命目标的彻底性，他们不再像法国大革命时站在资产阶级革命的普遍目标的一边，而是希望尽可能维护资产阶级的特殊利益，其

---

① 马克思在《德意志意识形态》中认为，无产者成为无产阶级的可能性，是需要借助资产阶级革命的成果。虽然资产阶级革命不能让所有人成为资产者，但它客观上扩大了自己的统治基础，它的利益同社会其他阶级的利益会联系更加紧密，统治阶级与非统治阶级之间的矛盾才会更加直接且尖锐。参见《马克思恩格斯全集》第3卷，人民出版社2022年，第54页。
② 《马克思恩格斯全集》第27卷，人民出版社2010年，第403页。

结果却是不断地出让革命果实，最终再度葬送了共和制度。

马克思称这段历史是笑剧，不单单是因为它是一段"下降的路线"，资产阶级统治不断降低自己的普遍原则，变成一个阶级对其他阶级展开特权统治的历史。更重要的是，如果说法国大革命的失败并不意味着资产阶级革命目标的失败，人们多少是带着同情的立场，认为法国大革命所代表的历史普遍性依然是人类历史的未竟事业。那么，1848年革命之后法国资产阶级统治的历史表明，资产阶级是根本完成不了资产阶级革命所设定的普遍目标的。在资产阶级革命目标与资产阶级统治之间存在着不可调和的矛盾。

资产阶级革命的再度失败意味着直接建立在普遍人性层面上的普遍政治是不可能在资产阶级统治中获得其现实性的，法国资产阶级这出让自己无法体面下台的人间喜剧透露了笑剧的本来意思，也即是丑角在某个与他身份不符的场合，扮演着某种与他身份不符的行为。马克思在《雾月十八日》中想要告诉他的读者，一旦革命的结果降低到资产阶级的水平，现代历史是不会在悲剧之后浴火重生的，而一定会是在笑剧中颓靡收场。

接着悲喜剧之后出现的重要议题是传统。在这场笑剧中，传统扮演了不光彩的角色。当路易·波拿巴当选总统的时候，马克思讽刺法国人得到的"不只是一幅老拿破仑的漫画，他们得到的是漫画化的老拿破仑本身，是在19世纪中叶所应当出现的老拿破仑"①。小拿破仑戴着老拿破仑的面具，把"加速前进运动"的法兰西民族"拖回到一个早已死亡的时代"，为了减轻错位的时代感所带来的错觉，那些死于第一次复辟的传统重新复活，一系列老拿破仑时代的名称、纪年、仪式纷纷复归，仿佛它们从来没有消失过一样。

任何一种重复历史的行为，总是需要借用历史上发生过的事情加以重复。因此传统的意义不单单是人们展开实践活动与思想活动的背景、资源和条件，传统还可能是历史重复行为的素材、灵感与符号。我们再来看马克思的那段著名的表述：

人们自己创造自己的历史，但是他们并不是随心所欲地创造，并不是在他们自己选定的条件下创造，而是在直

---

① 《马克思恩格斯文集》第2卷，人民出版社2009年，第473页。

接碰到的、既定的、从过去承继下来的条件下创造。一切已死的先辈们的传统,像梦魇一样纠缠着活人的头脑。①

这段话通常被引述为历史唯物主义的原则,人们创造历史总是有条件的创造,是在具体的历史条件下继承着的实践活动。不过,在《雾月十八日》的语境中,这段话并没有多少正面的含义。虽然传统一方面是人们创造历史的必要条件,但它并不总是积极的,传统它也有可能成为妨碍革命的阻力来源,因为传统是可以被借用、被伪装,乃至被用来欺骗现时代的意识形态。马克思随后分析了两种召唤传统的形式。

第一种形式是借助传统来反传统,也就是打着旧事物的旗号做着革命的事业。在这种形式中,传统的符号与语言具有掩饰着革命运动的功能。人们一边在上层建筑的领域做着"复古"的事情,实际上是为了掩护经济基础的变更,去创造有利于他们的外部条件。一旦历史发展到新的阶段,掌权者会迅速丢弃传统的外衣,声称新时代的来临。马克思评价这种形式是"召唤亡灵的行动"(Invoca-

---

① 《马克思恩格斯文集》第2卷,人民出版社2009年,第470—471页。

tion of the Dead），资产阶级革命善于穿着传统的服装，使用传统的语言，但他们的事业却是解除现代资产阶级社会的桎梏。一旦他们扫除了各种封建的形式，建立了新的社会形态，那些复活的传统就彻底死去了。

使死人复生是为了赞美新的斗争，而不是为了拙劣地模仿旧的斗争；是为了在想象中夸大某一任务，而不是为了回避在现实中解决这个任务；是为了再度找到革命的精神，而不是为了让革命的幽灵重行游荡。[1]

资产阶级革命在传统中伪装自己的真实意图，是为了牢牢掌握革命的手段，也就是说，资产阶级革命夸大自己的革命目标，从仅仅针对封建制度的革命上升为实现人类普遍历史的革命，以标榜自己作为人类文明进步的承载者，一定会让人类进步的福祉实现在每一位后革命时代的公民身上。但吸取了法国大革命教训的资产阶级深深明白，随着革命目标的进一步推进，革命矛头会倒转指向自己，换言之，作为革命者的资产阶级一定会成为革命的对

---

[1] 《马克思恩格斯文集》第2卷，人民出版社2009年，第472页。

象。因此，当资产阶级实行统治之后，它的首要目标不再是继续革命，而是要守护住自己的统治，以避免重蹈法国大革命的覆辙；我们清楚地看到，它拒绝了一切形式的革命可能性，要求资产阶级统治就是资产阶级专政。为了实现这个目的，马克思向我们展现了第二种召唤传统的方式。

第二种形式是依靠迷信（Superstition），政治统治利用传统以远离历史的现实性。统治者借用逝去的革命者形象，宣称正在做的事情是推动历史的前进，其实是力图偷偷回到已经被扬弃了的历史阶段里。这类召唤传统的形式是借着革命传统中的光辉形象，统治者将自己打扮成某种救世主的模样。正如1848年革命之后的法国展现了一段笼罩在政治迷信之下的状态。模仿历史伟人是这种召唤传统的方式——小波拿巴召唤出老拿破仑的形象为自己正名，他就要扮演的与老拿破仑一样伟大。马克思生动地引用了古希腊作家阿泰纳奥斯（Athenaeus）的著作《哲人宴》中的情节：斯巴达王阿革西拉乌斯身材矮小，埃及法老嘲笑他是个老鼠，阿革西拉乌斯说道："您把我看做老鼠，但总有一天我会成为狮子的。"1848年的小波拿巴实际正是一只老鼠的形象，但法国民众迷信他像狮子一样的老拿破仑，小波拿巴正是在迷信的运作下，让自己也伪装成了一只狮子。

我们知道，唯物史观评价历史人物的时候强调，人物所取得的历史成就取决于他所处的历史条件与历史任务。小波拿巴在19世纪重复老拿破仑在18世纪的行为时，反而表明他完全脱离于时代，并且做着远离历史现实性的事情。正如马克思在《1848至1850年法兰西阶级斗争》中所说的那样，对于伟大事物脱离历史条件的模仿"都不过是他们在名义上所代表的那些伟大现实现象的毫无生气的讽刺画罢了"[1]。小波拿巴的模仿行为最终会让"拿破仑的铜像从旺多姆圆柱顶上倒塌下来"。因为不理解自己所处时代的真实历史定位，凭借主观意愿开历史倒车的行为，是不可能长久地存在下去的。

无论哪一种形式，《雾月十八日》中讨论的传统都不是特别积极的角色。第一种形式里的传统像是被利用的傀儡，一旦社会变革的任务完成，传统便被抛弃掉了。在第二种形式里，资产阶级共和国与建立共和国的工具对立起来，原本支撑着共和国的理念、语言与行动，统统成为实

---

[1] 《马克思恩格斯文集》第2卷，人民出版社2009年，第118页。

行暴力统治的理由。因此,两种形式都指出,过去的历史只有为当下服务的时候才会复活过来,例如克罗齐所认为的:"当生活的发展逐渐需要时,死历史就会复活,过去史就变成现在的。罗马人和希腊人躺在墓穴中,直到文艺复兴欧洲精神重新成熟时,才把它们唤醒。"① 理解任何一种传统复活的原因,都不应在传统中寻找答案,而是在当前的现实中找到它复活的原因。同样,谴责一种传统的缺陷,应当去谴责允许该传统继续发挥效用的现实。在现实与传统的纠缠中,历史的正当性与合理性是历史悲喜剧的关键所在,这一点也正是革命运动所要特别重视的地方。

马克思从1848年革命的教训中体会到,革命的道路不是直接的历史悲喜剧(Immediate Tragicomic Achievements),革命总是与反革命相伴的。革命者的行动要基于自己所处的实际历史情境,明白自身与环境都是既定的历史产物,不过仅仅理解这一点是不够的,革命者还要知道反革命的力量也有其历史依据,也是继承于传统的历史力量。马克思说明政治倒退的原因,也正是致力于此。

---

① [意]克罗齐:《历史学的理论和历史》,田时纲译,中国人民大学出版社2012年,第11页。

2. 历史与革命

《共产党宣言》的历史叙事是典型的 19 世纪叙事，它延续了启蒙运动以来的进步主义气氛，只不过《共产党宣言》的进步性是与革命的斗争性联系起来的："至今一切社会的历史都是阶级斗争的历史。"[①]从《德意志意识形态》开始，最初由于分工导致的所有制关系造成了阶级间对立，最终会形成阶级之间的统治关系，从经济关系中的分工所形成的阶级，一定会体现为支配与被支配的政治关系。因此，统治者与被统治者之间的斗争离开了传统的道德叙事，最终要在经济关系中找到他们斗争的根据。在古代，社会结构中的阶级分层尚且模糊，阶级斗争的关系往往是不够明朗的，发展到私有制阶段，阶级斗争关系变得简单化了。因此，《共产党宣言》指认了无产阶级与资产阶级之间的阶级斗争会成为 19 世纪以来社会历史的主旋律。

关于 19 世纪的历史叙事可以是多样的，革命的历史叙事更加强调社会斗争之于历史推动的积极作用。资产阶级的积极作用表现在开拓世界市场，让一切国家的生产和消

---

① 《马克思恩格斯文集》第 2 卷，人民出版社 2009 年，第 31 页。

费都成为世界性的，让生产关系的变革不再受限于既有的政治条件，所以资产阶级的政治革命塑造了19世纪的政治样态。在《雾月十八日》的第一部分，马克思论述了资产阶级政治革命的特征，资产阶级变革往往是分两步完成经济结构和上层建筑的变革，经济基础的变革表现为所有制形式的变革、生产力水平的提升，这种变化的速率是渐进式的。相较于经济基础的变革，资产阶级不会优先触动封建制的政治统治，所以上层建筑相比于经济基础具有相对的滞后性。

随着资产阶级社会的成熟，资产阶级需要建立与之相配套的政治统治，我们看到他们呼唤英雄行为，通过自我牺牲、内战等方式开展资产阶级革命。资产阶级革命的特点是寄希望一次性改变政治上层建筑，即要求在国家层面完成社会革命已经完成的内容，因此资产阶级革命一定表现为政治革命。

19世纪的社会革命不能从过去，而只能从未来汲取自己的诗情。它在破除一切对过去的迷信以前，是不能开始实现自己的任务的。从前的革命需要回忆过去的世界历史事件，为的是向自己隐瞒自己的内容。19世纪的革命一定要让死人去埋葬他们自己的死人,为的是自己能弄清自己的内容。从前是辞藻胜于内容,现在是内容胜于辞藻。①

如果说资产阶级革命的实践是英雄主义的,但资产阶级的革命语言偏偏是浪漫又隐晦的,资产阶级不公开自己的政治目的,他们的英雄要扮演传统英雄的模样,用旧世界的语言去实现资产阶级的政治目标,甚至有时候他们自己都不能完全明白自己的意图。不过随着无产阶级开始登上政治舞台,不仅阶级斗争的内容要发生变化,革命的语言也应有所转变。19世纪的社会革命与18世纪的资产阶级革命是不同的,资产阶级革命隐瞒自己的内容是为了保护自己,以便更好地前进;19世纪的无产阶级革命不能重复资产阶级革命的办法,不仅仅因为无产阶级的社会革命与资产阶级的政治革命有着本质不同,也因为19世纪的无产阶级已经不再具备重复18世纪革命经验的现实条件了。言下之意是,无产阶级革命面对不熟悉的新事物时,不要再从已有的经验来理解它,更不要从以往的传统来复制对策。

---

① 《马克思恩格斯文集》第2卷,人民出版社2009年,第473页。

资产阶级的政治革命可以利用上层建筑的相对滞后性，借助政治革命完成政治上层建筑与经济结构的全面资产阶级化，在这个意义上，相对滞后性就不是一种错位的缺点，而是一种重大的优势。政治革命的政治语言与英雄行动，无非是在政治领域进一步扩大经济领域的变革果实，在经济领域中，工商业资产阶级与金融资产阶级早已取得了全面优势。正因为如此，无产阶级所要求的社会革命，不可能由资产阶级代为完成。实现了政治统治之后的资产阶级，在经济结构与政治上层建筑之间具有了相互巩固、相互适应、相互调适的关系，它既不允许否定资本主义的生产方式，同时也积极捍卫资产阶级政治统治的合法性。无论是经济结构还是政治上层建筑的任何一边出现问题，它们作为一种总体结构始终尽可能保持动态平衡的关系。

无产阶级的社会革命所要做的，是要指出资产阶级制度是资产阶级对其他阶级的专政，政治革命的受益者只有资产阶级。社会革命是要在资产阶级制度完成了它的历史使命之后，通过社会斗争的形式推翻一个阶级的专政，让社会发展的全部成果实现在包括资产阶级在内的全体人类之上。

我们换个角度看，过往的历史也没有给予社会革命足够的经验与教训，所以革命是无法从过去汲取方法与原则的，因此只能从"未来汲取自己的诗情"。正是在这个意义上，1848年发动的二月革命是一个具有世界历史意义的"意外事件"，它的意外是因为二月革命发动在革命条件尚未成熟的时候；它的世界历史意义是由于二月革命史无前例地展现了社会革命的新任务与新目标。

根据唯物史观的表述，仅仅从革命自身出发是无法正确解释革命的性质、发展及结果的，否则革命的判断容易滑向革命的想象。这里想象的维度是指仅仅从革命的主观能动性出发思考革命的胜败得失。同样，完全建立在主观性指导下的革命活动也会失败，这种革命醉心于形式的运动，放弃了利用旧世界在内的一切强大手段变革，从而陷入到私人的与自身的有限条件中，最终注定要遭遇失败。唯物史观强调，包括社会革命在内的全部历史运动必须从社会历史的维度加以理解与把握。那么，二月革命的失败意味着什么呢？马克思认为，革命的失败反衬出革命条件的不成熟，换句话说，二月革命依然在为胜利的革命做着社会准备。

看起来仿佛社会现在退到它的出发点后面去了，实际上社会首先要为自己创造革命所必需的出发点，创造唯一能使现代革命成为真正的革命的形势、关系和条件。①

从某种意义上说，这句话是整篇《雾月十八日》的方法要旨。如马克思在1869年第二版序言里所称，整篇《雾月十八日》最直接的理论目标是解释法国阶级斗争怎样造成了一种局势与条件，使得平庸的波拿巴如何扮演了英雄。《雾月十八日》不仅要解释阶级斗争，还要回答社会革命如何可能的问题。社会革命只有理解并创造革命所必需的形势、关系和条件，才真正有可能创造自己的历史。我们站在21世纪回望，体会170多年来的世界革命史，依然觉得此等要求何其困难！社会革命是一场带着明确自我意识的革命，自我意识是通过理解客观社会历史条件所实现的自我意识，它要求无产阶级明白自己的使命与自己的起源所具有的关系，从而提出极其严苛的历史目标：革命之目的不止于积极介入历史进程，更要求打破使得现代革命成为可能的历史结构。

———
①　《马克思恩格斯文集》第2卷，人民出版社2009年，第474页。

敏感的读者可以注意到，虽然从《共产党宣言》到《雾月十八日》仅仅过去了3年，《雾月十八日》中革命政治的重心却发生了稍许偏移。毫无疑问，1848年革命的失败迫使马克思重新思考革命的方向与任务。在《共产党宣言》的叙事中，经济领域中的斗争是政治领域中斗争的依据，无产阶级革命要从自发的斗争转向自为的斗争。这场革命政治的历史要求是实现社会革命的任务，即扬弃产生无产阶级与资产阶级相互对立的社会历史结构。

　　1848年革命失败之后，无产阶级发现自己既不能认清资产阶级，也没有认清自己，他们以为社会革命近在咫尺，唾手可得，事实上条件与形势都并非有利。在这种悲观的气氛下，无产阶级需要新的理论来认清自己下一步前进的原则、纲领与路线。马克思在文章中申明了社会革命的关键原则，革命的失败并不是革命的目标出了问题，而是1848年的革命没能认清当时的形势、关系和条件，没有正确地运用阶级的力量关系，也没有真正立足于实在的社会条件之上展开革命斗争。因此，《共产党宣言》与《雾月十八日》形成经纬线，《共产党宣言》是在宏观历史的维度确立无产阶级革命的总路线与总任务。《雾月十八日》是在具体历史中确立无产阶级革命的策略问题。这两个方法论都是唯物史观的应有之义。

（二）《雾月十八日》中的阶级主题

人们通常理解的马克思主义阶级观集中在《共产党宣言》中，资产阶级与无产阶级之间的斗争是阶级斗争的基本面。如果仅仅从《共产党宣言》出发来理解马克思的阶级斗争理论，往往认为资本主义时期的阶级斗争只是资产阶级与无产阶级，事实上，《雾月十八日》提供了更丰富的阶级斗争理论版本。

马克思在1869年序言中明确指明了《雾月十八日》所要聚焦的核心问题："相反，我则是证明，法国阶级斗争怎样造成了一种局势和条件，使得一个平庸而可笑的人物有可能扮演了英雄的角色。"[1]阶级斗争的主题显得至关重要，它创造了独特的局势和条件让波拿巴称帝的事件成为可能。

《雾月十八日》中的阶级主题是聚焦在一个短时间内

---

[1]《马克思恩格斯文集》第2卷，人民出版社2009年，第466页。

（1848—1851年），以及一个具体社会内部（法国）的阶级分析。这提示了一个极为重要的视角，关于阶级问题的谈论不是一种抽象的分析，不是一个放诸四海而皆准的标准公式——仿佛简单地将阶级斗争的原则抽象放置在任何社会之上，就能得到正确的认识。①马克思在《雾月十八日》中坚决否认了这一点，他恰恰表明阶级分析始终是有着具体历史前提与历史规定的阶级分析，因此他格外强调了阶级斗争的具体化向度：在特定的时间内研究特定社会的阶级构成。因此，理解马克思的阶级斗争理论，不仅要阅读《共产党宣言》，也要阅读《雾月十八日》为代表的政治哲学文本，以及《资本论》和其他手稿中的相关阐述，才能准确理解马克思阶级斗争理论的丰富内涵及其方法论意义。

1. 派系分析与阶级分析

工商业资产阶级开始崛起是在路易·菲利普统治的七

---

① 马克思在1858年批评拉萨尔的《晦涩哲人赫拉克利特》的无聊时，指出"他的思维过程只能准确地按照开好的方子、按照神圣化了的形式进行"。但是"通过批判使一门科学第一次达到能把它辩证地叙述出来的那种水平，这是一回事，而把一种抽象的、现成的逻辑体系应用于关于这一体系的模糊观念上，那完全是另外一回事"。参见《马克思恩格斯全集》第29卷，人民出版社2016年，第264页。

月王朝。在彼时的法国，贵族阶层才真正拥有政治权力与社会优越感，在他们眼里，新兴的财富拥有者充其量是暴发户，他们没有高贵的血统与良好的教养，他们只是靠着讨价还价的唯利是图才拥有了财富。对于工商业资产阶级而言，他们希望进一步的自我实现，财富不能给他们足够的自信与安慰，他们需要贵族阶层的承认，更确切地说，他们希望和贵族一样拥有政治地位，并且习得一套上层的语言，学会高贵的礼仪。另一方面，这批资产阶级恐惧比他们弱小的无产者，因为他们深深懂得，从下层跻身到上层的过程是无情的，只有赶走原来占据高位的人群，淘汰身边缺乏竞争力的同伴，新阶层中的少数人才能获得立足之地。因此，工商业资产阶级深深懂得布尔乔亚社会的规矩：在竞争与剥削的社会中，优胜劣汰是唯一真实的法则。他们害怕无产阶级的壮大会夺走他们苦心经营的果实——私有财产、社会地位、家庭伦理等等，《共产党宣言》中反驳资产阶级污蔑共产主义是"共产公妻"的时候，暗示了资产阶级的恐惧心态。他们是一群立足未稳的当权者，他们既要独占特权，他们又恐惧自己剥夺的利益再度被剥夺。

《雾月十八日》并没有指明资产阶级的集体心理，它选取议会斗争的视角去展现阶级之间的敌对与矛盾。第二共和国成立之后,立法国民议会的选举是各政党展开角力最集中、最激烈的场合。与今天的议会选举类似,各政党为了争夺席位会各自提出政治主张,尽可能获得多数席位,以便在之后的议会投票中获得多数票的优势。通常的视角的是,不同政党之间的分歧主要在于政治主张与经济政策上的分歧,这也是今天绝大多数政论家所关注的部分。马克思注意到,政党在政治与经济问题上的分歧,真正的原因是政党特殊利益的分歧,不同政党背后所代表的是不同阶层,如正统派代表的是大土地所有者的利益,奥尔良派代表的是大工业和大商业者的利益。于是,不同政策上的分歧体现了不同阶级之间利益上的分歧。

如果马克思仅仅理解到这一点,那么他仅仅区分了派系分析与阶级分析。派系分析与阶级分析是两种不同的分析方法,前者更重视的是行动者在政治舞台上的姿态和行动,后者更重视由行动者的阶级利益所决定的阶级属性。①但是《雾月十八日》中马克思则在此基础上进一步揭示了更为深远的视角。核心之处在于,特殊利益的分歧

---

① 应星:《事件社会学脉络下的阶级政治与国家自主性——马克思〈路易·波拿巴的雾月十八日〉新释》,载《社会学研究》第2期,2017年。

真正所指的是不同阶级的所有制形式。也就是说，产生特殊利益是由于不同阶层的所有制形式上的差异，我们以为特殊利益已经是政治分歧的根本，马克思则为特殊利益找到了更为基础的生成机制："在不同的所有制形式上，在生存的社会条件上，耸立着由各种不同情感、幻想、思想方式和世界观构成的整个上层建筑。整个阶级在它的物质条件和相应的社会关系的基础上创造和构成这一切。"[1]

我们知道，所有制的问题在《德意志意识形态》中得到专门的讨论，它是同分工发展的各个不同阶段相联系的，从部落所有制至大工业时期的所有制，所有制形式在历史中不断变化，并在具体时代形成具有不同支配关系的所有制形式。马克思的阶级分析与阶级所属的所有制形式不相分离，不同政治立场背后的阶级差异，其实是历史中不同所有制形式之间的矛盾，判断何种政治立场最终胜利和失败，实际上要判断该所有制形式与所处时代之间的协调程度。正如他所称国家内部的斗争不过是一些虚幻的形式，究其根本，阶级斗争的不可避免性，乃是不同所有制形式彼此难以协调共存的客观条件所造成的。

---

[1] 《马克思恩格斯文集》第2卷，人民出版社2009年，第498页。

2.小农阶级的分析

《雾月十八日》中另一处关于阶级分析的著名段落是分析法国的小农阶级。在《雾月十八日》的最后一个部分，马克思分析了为什么小农阶层会选择支持路易·波拿巴。波拿巴在1851年12月的投票中获得了压倒性的胜利，得以继续保留自己的权力，并且为第二年成功复辟帝制奠定了基础。马克思注意到小农阶层所具有的"拿破仑观念"(idée napoléonienne)起到了很大作用，所谓"拿破仑观念"，它幻想着一个英雄般的人物会赋予并保障自己的土地私有权。马克思分别从小农支持波拿巴和"拿破仑观念"两个最显而易见的现象出发，展开了极为精彩的阶级分析，堪称历史唯物主义阶级分析的经典范例。

首先，马克思分析了法国小农阶层的独特性质，它们虽然人数众多，但并没有真正形成一个阶级，他们相互之间只是具有局部的、有限的地域联系，由于他们并没有形成真正的全国性的联系，因此这一阶层是极其松散的，也是极其狭隘的，就像是一个个马铃薯汇集而成的一袋马铃薯。那么为什么还要称小农是一个阶级呢？小农的生活方式、物质利益和受教育程度与其他阶级是敌对的，它们才被勉强称为一个阶级。这就意味着，法国小农阶层不具备独立自主的阶级主张，也缺乏统一的组织形式，它们无法在政治上自己代表自己，就习惯于接受一个权威来保护它们，因此它们对于法国行政权力的依附，扩大了行政权力对于法国社会的支配作用。

其次，马克思历史地分析了"拿破仑观念"的形成，解释了小农阶层迷信拿破仑这个姓氏的原因。"拿破仑观念"既是对于拿破仑这一姓氏的迷信，更是对于"强有力的和不受限制的政府"的迷信。这些观念固然有意识形态的历史效果，究其根源而言乃是形成于小农土地所有制形式的演变。在拿破仑一世执政时期，拿破仑保障了农民土地私有的欲望，确定了农民是小块土地的所有者，在19世纪初期诞生的"拿破仑观念"实际上肯定了小块土地所有制形式。然而，小块土地所有制的经济发展改变了农民对社会其他阶级的关系，小农开始独立承担赋税的功能，养活了军队、官僚与教士，与之相适应，官僚、教士与军队也正是靠着赋税的给养，宣称保护小农经济的所有制，凌驾于小农对其展开全方面的控制。

马克思总结道，"拿破仑观念"都是关于不发达的小块土地所持有者的观念。只要小块土地所有制形式解体，这种观念自然也就烟消云散了。但是在1851年的法国，历史传统在农民中间形成的迷信依然根深蒂固，路易·波拿巴借助了小农尚存的"拿破仑观念"成功上台，既是意识形态的帮助，更是因为小块土地所有制是波拿巴成为皇帝的物质条件。因此，我们应该注意到，"拿破仑观念"是一种愚蠢而盲目的迷信，并不能通过一场意识形态的批判得以解决。通过教育、宣传等手段去消除错误观念，只是通过语词消灭语词。事实上马克思主义始终认为，改变形成观念的物质基础才是破除神话观念的核心所在。这是历史唯物主义所坚持与强调的。

最后，生产方式与土地所有制是小农阶层政治行为的根本原因。在讨论"拿破仑观念"的最后部分，马克思认为，小农阶层在大选中支持波拿巴，不应该在小农阶层的政治觉悟中寻求答案，而是应该在法国农民的生存状况中寻找答案。决定小农生存方式的根本因素，依然是他们的生产方式与土地所有制。小块土地的生产方式决定了他们之间的交往方式，他们互相彼此隔离是因为小块土地的私有分离着彼此的联系。这直接导致了小农阶层无法在政治上形成独立的力量，无法形成共同的利益，他们仅仅是为了私人利益而生活。就这样，一个阶层无法在经济上成为一个统一的阶级，同样无法在政治上成为一个斗争的阶级。法国部分保守的小农阶层选择支持波拿巴，其实是选择固守的生产方式与所有制形式，波拿巴稳住了他们的利益来赢得小农阶层的选票，反而比资产阶级更加现实地理解了法国社会。

马克思的阶级分析显现出政治斗争中看不见的经济因素，强调经济因素是决定政治走向的关键因素。人们通常的观念以为议会政治是党派利益的斗争，马克思将党派利益进一步还原为不同党派之间所有制形式的矛盾，在历史中形成的所有制形式有着历史条件的制约，因此议会形式作为阶级利益活动的场所，也绝非某种超历史的优越制度，它同样与社会经济结构的变化运动相适应。所以，通过政治去理解经济的决定因素也是马克思阶级斗争理论的核心要旨之一。

(三)《雾月十八日》中的国家主题

现代国家问题是17世纪以来政治哲学的核心问题，作为一部政治哲学的文本，《雾月十八日》提供了一套马克思主义国家理论的重要表述，这对于马克思主义国家理论中关于现代国家本质的分析具有范本意义。除此以外，它也极好地补充了19世纪政治哲学关于国家问题的研究，19世纪集中出现了大量讨论国家问题的著作，自由主义、无政府主义与保守主义的国家观念学说相互争锋。马克思的观点与其他学说既保持着密切的联系，又坚持与之相区别。从政治思想史的角度上看，马克思究竟在何种意义上与其他三种国家学说分享着共同的前提，又在何种意义上分别批判了其他三种国家学说，显然是重要又棘手的问题了。

19世纪是资产阶级革命蓬勃发展的世纪，诸多封建君主制国家纷纷变为现代民族国家。民族国家是19世纪的历史产物，也是一种全新的国家形态。不同的政治思想对该现象的评价各有不一，比如以密尔[1]为代表的自由主义开始警惕逐渐兴盛的国家对个人自由可能造成的威胁，因此强调公共领域与私人领域的严格区分；无政府主义者认为任何国家形式都是对自由的侵犯，要求废除一切形式的国家；保守主义反感革命会破坏社会秩序，现代国家虽然以革命立国，但要在立国之后摒除不断革命的可能。我们会

---

[1] 约翰·斯图尔特·密尔(John Stuart Mill, 1806—1873)，英国著名功利主义、自由主义哲学家，政治经济学家。

注意到，并不是只有马克思主义会批评现代国家，19世纪其他的政治思潮同样有所反思。有些马克思主义国家理论的研究，完全无视或者误读了同时代的政治思想，用自己的偏见解读马克思的同时代思想家，最终将马克思哲学的同时代思想降低到批判的水准之下。这种研究是相当片面又有失公允的。缺乏比较研究的一个后果是，很多研究将马克思的思想与其他思潮的思想混淆起来，尤其体现在无法区分无政府主义与马克思哲学的立场，比如"国家消亡论"与"自由人的联合体"等观点，这些说法如果不加以规定，而仅仅从字面意义上来解释，就会把一种无政府主义的观点误以为是马克思主义的了。

马克思没有抽象地谈论现代国家问题，1852年的马克思是在历史唯物主义的理论框架内分析具体的国家，而历史唯物主义谈论作为历史事物的现代国家，不是从某个一般原则或定义出发去理解国家，而是分析特定历史条件下的具体国家。就《雾月十八日》的文本来说，马克思分析的是1848年以来的法国社会与资产阶级共和国。所以，马克思在《雾月十八日》中的国家理论是从一个特定的国家出发展开的分析，他并不抽象地谈论现代国家的抽象原则或是运作模型，这一点是尤其要强调的。根据法国实际的国家状况，马克思的分析主要从三个相互联系的方面展开：行政权、国家机器和政党与代表制。我们逐一分述之。

1.行政权问题

争夺行政权是1848年之后的议会斗争和路易·波拿巴与议会之间的最主要斗争议题。为什么法国的政治斗争主要体现在争夺行政权？最主要的原因在于法国政治体制长久以来保持着中央集权占据主导的样态。中央集权是指权力垄断在少数人手里，行政权便是中央集权合法行使的权力，因此各党派争夺行政权的实质在于争夺行使国家权力。有学者指出，法国大革命开始之后，革命政府一度下放权力至地方政府，这并没有维持太长时间，革命政府再度回收权力至中央，确保行政权威、法律执行与公民自由可以融合到一个新的制度框架之中。我们看到，行政能力是确保国家统一的关键，革命政府逐渐确立了统一地方行政体制基础之上的现代中央集权政府。[①]《雾月十八日》中马克思对法国行政权做了如下评论：

在法国这样的国家里，行政权支配着由50万人组成的官吏大军，也就是经常和绝对控制着大量的利益和生存；

---

① 张弛:《法国革命时期中央集权体制的废弃与重建》，载《历史研究》第6期，2015年。

在这里，国家管制、控制、指挥、监视和监护着市民社会——从其最广泛的生活表现到最微不足道的行动，从其最一般的生存形式到个人的私生活；在这里，这个寄生机体由于极端的中央集权而无处不在，无所不知，并且极其敏捷、极其灵活，而现实的社会机体却又是极无独立性、极不固定。①

马克思着重强调的地方是行政权是如何借助官僚制凌驾于社会机体之上，并且统治着社会机体。如列斐伏尔正确地指出，马克思关心的不是国家本身，他关心的是社会与国家之间的关系。②行政权表面上是在争夺国家权力，毋宁说是在争夺国家对于社会的统治权力。官僚制是国家默认的一项基本治理前提，国家具有统治社会的合法性，能掌握多大程度的行政能力，国家就在多大程度拥有了管辖社会的权力。马克思在《雾月十八日》的第七部分著名的官僚制分析里指出，法国的行政权力拥有庞大的官僚机构与军事机构，50万的官吏与50万的军队，他们是缠住法

---

① 《马克思恩格斯文集》第2卷，人民出版社2009年，第511页。
② ［法］列斐伏尔:《马克思的社会学》，谢永康、毛林林译，北京师范大学出版社2013年，第111页。亨利·列斐伏尔(Henri Lefebvre, 1901—1917)，马思主义哲学家，日常生活批判理论、城市社会学重要奠基人。

国社会机体的"寄生机体"。

"寄生机体"针对的是官僚制的巨大依附性，我们依然需要通过历史考察加以理解。恩格斯也曾针对这一现象做过评论："在整个革命时期，直到雾月十八日为止，各省、各区和各乡镇的全部管理机构都是由被管理者自己选出而可以在全国法律范围内完全自由行动的机关组成的；这种和美国类似的省区和地方自治制，正是革命的最强有力的杠杆。拿破仑在雾月十八日政变刚刚结束以后，就急忙取消这种自治制而代之以沿用至今的地方行政长官管理制。"[①]中央集权要求管控地方的自治权，因此运用官僚制度去管理社会中分散的权力。然而社会权力是在社会基层组织中自发形成的权力，官僚制是自上而下的派生权力，这里的张力不言而喻，权力的对抗关系胜过权力的整合关系。社会内部不断扩大的分工形成各种阶级的共同利益，但是我们看到这些阶级不满足于在社会权力中的自我实现，不同阶级的代表纷纷在议会中去争夺行政权，正是因为只有控制了行政权才能真正保障本阶级的利益。在这个阶段，只要中央集权制还保持着立足于封建制度残余之上

---

① 《马克思恩格斯全集》第10卷，人民出版社1998年，第395页，注1。

的粗糙形式，行政权便始终控制着社会权力，官僚制度在行政权中也成为统治阶级的工具。

在随后讨论国家机器的部分中，到了拿破仑三世时期，官僚制国家会进一步集中国家权力，展开更为有效的行政统治，这不禁让人想到当代国家寻求高效的国家治理逻辑，国家机器一方面巩固着官僚制度，另一方面也加强着自身的权力。这里依然存在着不寻常的现象。青年马克思在《论犹太人问题》中指出，法国大革命完成的政治解放是消灭了市民社会的政治性质，现代国家与社会—经济领域相分离。马克思自始至终关心国家与社会的关系，国家的发展依赖于社会经济的持续性增长，现代国家是无法脱离社会基础而自主发展的。然而，官僚制所反映的并不是社会机体与国家之间的良性关系，相反官僚制是限制社会自主发展的政治力量。这种不寻常的现象表明，官僚制国家不是国家应有的正常样态，它恰恰是政治异化状态下的国家形态，官僚制所依附的不是现代国家的原则，它是异化了的国家的产物。

这里最关键的一个论点是，1852年的马克思支持中央集权制度，但他反对官僚制国家管理下的中央集权制度。马克思支持中央集权制度的最主要原因是中央集权制度乃是有利于发动革命的制度,权力松散的国家并不利于革命运动的相互联系与组织。在1852年版的《雾月十八日》中,马克思这样写道:"打碎国家机器丝毫不会危及中央集权制。官僚政治不过是中央集权制还受其对立物即封建制度累赘时的低级和粗糙形态。"①官僚制度被认为是封建制度的一种残余样态,国家机器与官僚制度的结合是一种过渡阶段的中央集权制,因此否定官僚制度并不会否定中央集权制本身。马克思认为仅仅通过掌握官僚队伍与军队,就自以为实现了现代国家的统治,这依然是一种封建时期的落后思想,是低于时代批判水准的统治。现代国家应该是建立在现代社会充分发展之上的现代国家,现代社会在经济领域的不断革命化,应当带来现代国家政权的不断革命化。在现实的历史中,国家机器是可以长期存在的,我们借用阿尔都塞的用语来表述的话,国家机器的两种主要形态是镇压性国家机器(les Appareils d'Etat)与意识形态国家机器(Appareils Idéologiques d'Etat),《雾月十八日》表明前者在19世纪起到了更主要的作用。

---

① 《马克思恩格斯文集》第2卷,人民出版社2009年,第573页,注1。

2.国家机器问题

《雾月十八日》中明确提到,国家机器的外部统治使行政权显得具有明显的独立性,学界由此提出"国家的相对自主性"问题,马克思似乎提供了一条反对生产力决定论或经济基础决定论所提出的命题。这个命题简要的含义是,国家作为政治上层建筑的一部分具有相对于经济基础的独立性,即使归根结底经济基础起到了决定性的作用,但国家依然在一定的范围内具有自主行动的能力。

历史唯物主义的观点强调了经济基础必然性的一面,却又同时否认了经济因素的唯一决定性。这意味着,有关上层建筑的解释不能单一地指向经济基础,上层建筑中各种因素的相互作用,以及经济基础与上层建筑的交互关系,最终在具体的历史条件下成为历史事实。马克思的国家理论也面临着相同的局面,从属于上层建筑的国家与在该领域活动的多重矛盾共同汇合为上层建筑,它不仅需要在与经济基础的交互关系中理解自身,也要同上层建筑中的其他因素相互综合。[1]《雾月十八日》是马克思较为少见的,集中关注上层建筑复杂性的文本,我们借此获得了

---

[1] 祁涛:《论国家的"相对自主性"——马克思国家理论中的上层建筑难题》,载《复旦大学学报·社会科学版》第2期,2017年。

直接的理论视角。

国家的相对自主性问题闪现在《雾月十八日》一处醒目的地方，马克思分析完官僚制度之后，旋即说了这番话："只是在第二个波拿巴统治时期，国家才似乎成了完全独立的东西。和市民社会比起来，国家机器已经大大地巩固了自己的地位。"[①]第一个波拿巴时期因为中央集权发展的欠缺，官僚机制还不足以扩大政府权力运作的规模。这意味着，中央的权力还没有发展到处理全国事物的能力，官僚制度也没有得到大规模的发展。当社会扩大了的分工产生了更多需要管理的新事物，中央集权也在同时加紧它的力量，产生出更多的管理机构，进而扩大了官僚制的规模。政府权力集中化与国家机器完备是同一个过程。到了第二个拿破仑统治时期，国家机器获得了前所未有的治理能力，在1848年革命之后，国家显得具有了相对自主性。

我们不如先通过列宁去理解国家机器的独立性意味着什么，列宁在无产阶级专政时期依然强调掌握国家机器的意图。列宁始终清醒地意识到，即使十月革命的胜利也不

---

① 《马克思恩格斯文集》第2卷，人民出版社2009年，第565页。

能改变资产阶级掌握政治统治权的先天优势，它们比无产阶级更加懂得如何治理国家，它们正是通过掌握国家机器与金融资本不断强化自身的。因此列宁强调，在当时的历史条件下贸然废除国家政权，是非历史地切断社会与国家的联系，此时工人阶级应该废除旧的国家机器，以免让革命胜利的果实再度让位给资产阶级。

在实践的层面，国家相对自主性的讨论远远超出英国马克思主义的讨论范围，即讨论国家是否是工具主义的国家还是结构化的国家，国家相对自主性的关键在于，革命的无产阶级如何正确在具体的国家中展开革命实践，而国家能力发展到了何种阶段直接关乎到革命实践的策略与方针。在这一点上，十月革命与中国革命的成功都从侧面佐证了马克思的判断，正确理解具体社会的性质及其同国家机器的关系，是展开革命实践活动的必要前提。无视社会与国家客观的历史条件，极容易造成革命活动的机会主义或本本主义。毛泽东在《矛盾论》中就这样指出：

> 诚然，生产力、实践、经济基础，一般地表现为主要的决定的作用，谁不承认这一点，谁就不是唯物论者。然而，生产关系、理论、上层建筑这些方面，在一定条件下，

又转过来表现其为主要的决定的作用,这也是必须承认的。当不变更生产关系,生产力就不能发展的时候,生产关系的变更就起了主要的决定的作用。①

生产关系之所以可以在特定时间内起到历史的支配性作用,是因为当时的历史条件将生产关系"临时性"地转化为主要矛盾,国家机器会优先于经济基础成为社会的主要矛盾,在这种情况下,强调政治革命的主体有利于从国家、政党组织、意识形态等上层建筑的要素中实现社会革命的变革。反过来说,掌握了军队与官僚的波拿巴可以通过掌握国家机器来实现复辟,从第一个波拿巴时期到第二个波拿巴时期,整个法国上层建筑运动的核心内容是争夺国家机器,无论是拿破仑一世、七月王朝还是拿破仑三世,他们都是通过进一步强化中央集权发展着国家机器,只要反对镇压性国家机器的抗争胜利之后,取得统治的一方立刻会加强国家机器的镇压能力,以维护自己的统治阶级。在这段历史中,法国市民社会的发展反而落后于国家机器的发展了。事实上,马克思在之后也修正了自己的看

---

① 《毛泽东选集》第1卷,人民出版社1966年,第300页。

法，他在1871年给路·库格曼的信中指出："如果你查阅一下我的《雾月十八日》的最后一章，你就会看到，我认为法国革命的下一次尝试不应该再像以前那样把官僚军事机器从一些人的手里转到另一些人的手里，而应该把它打碎，这正是大陆上任何一次真正的人民革命的先决条件。"①在这里我们不仅注意到马克思在1848年革命与巴黎公社时期的态度变化，也能看到他在十月革命与巴黎公社之间有关国家策略上的改变。

3.政党与代表制问题

国家主题的第三个关键词是政党。《雾月十八日》中的政党问题与议会代表制度有关。一般以为，马克思对代议制民主持有批判的态度，往往也是在这里误解了马克思的思想。柄谷行人意识到马克思在论述政党与阶级关系的部分，引发了关于代表制度的讨论。在代议制的政体中，代表是被选举出，被授予代表若干人或团体的意志，由各代表组成的代议机构的决定，从程序上看也就符合了全体人参政议政，多数人的意志为最终意志的体制。法国在1848年至1852年期间，既存在过议会代表制，也存在过普

---

① 《马克思恩格斯选集》第4卷,人民出版社1995年,第599页。

选制度，即直接民主制。短时间内出现如此跌宕起伏的政治"景观"，也是民主制度史上较为罕见的现象。最为诡异的是，议会代表制度被波拿巴玩弄并颠覆，普选制度更是造就了反民主的结果。可以说，马克思虽然在批评议会代表制度中着墨甚少，但却提前指出了19世纪末至20世纪初代议制民主的根本危机。

在柄谷行人的视角下，代议制民主中的代表制问题显现出来，在整个政治运动中，被代表者与代表者没有构成真正的代表关系，他们的关系是任意的，甚至是分离的。我们以社会民主派为例，这个派别本身成分复杂，但马克思观察到这个派别逐渐随着它所代表的那个阶级一同变化了。虽然这个派别都希望以民主共和制度来协调资本与雇佣劳动之间的对抗，但思想上的一致性并不表明他们在代表关系上的一致，马克思点评道：

同样，也不应该认为，所有的民主派代表人物都是小店主或崇拜小店主的人。按照他们所受的教育和个人的地位来说，他们可能和小店主相隔天壤。使他们成为小资产阶级代表人物的是下面这样一种情况：他们的思想不能越出小资产者的生活所越不出的界限，因此他们在理论上得出的任务和解决方法，也就是小资产者的物质利益和社会地位在实际生活上引导他们得出的任务和解决办法。一般说来，一个阶级的政治代表和著作界代表同他们所代表的阶级之间的关系，都是这样。①

一个政党与它所代表的阶级，都无法脱离他们之间共同的物质利益与社会地位，这是他们之间能够形成代表与被代表关系的基础。小店主够不到小资产阶级社会地位，他们与有教养的小资产阶级说着两套词藻，他们却还是在同一个阶级里。不过，在政党政治中所体现出的代表制，迅速拉大了两套词藻之间的距离，小店主的言说是在社会层面，而作为代表者的有教养的小资产阶级才具有真实的政治行动能力。柄谷行人正是在这个层面上强调，政党的行动与政党的话语独立于实际的阶级，被代表者像是"集体无意识"般被代表的，只有在代表者仿佛在代表他们的时候，它们才能作为"阶级"被意识到。②我们可以说，在社会民主派的例子中，代表与被代表者之间存在着一些距离，以至于我们必须通过代表者来看到无法直接从事政

---

① 《马克思恩格斯文集》第2卷，人民出版社2009年，第501页。
② ［日］柄谷行人：《历史与反复》，王成译，中央编译出版社2011年，第10页。

治行动的被代表者。但是它们之间的代表关系，绝不是柄谷行人认为的那种任意联系，毋宁说它们提前展示了20世纪去政治化的政党所面临的"代表制危机"。①

社会民主派的代表制问题尚且停留于政党与阶级之间的部分分离，有些实际的阶级甚至无法找到与自己实际利益保持稳定关系对应政党，也就是说，他们是缺乏政治代表的阶级。此类阶级的代表关系就成呈现出柄谷行人所说的那种"任意性"了。《雾月十八日》中，这种阶级指的是小农。小农阶级没有自己相应的政党作为代表，当波拿巴许诺小农的小块土地所有制，保守的小农重新信任了波拿巴来做他们的代言人，幻想他可以保障下层阶级可以在资产阶级社会原则下得到幸福。我们看到，小农与波拿巴之间的联盟是暂时性的，仅仅依托于观念所维系的代表关系中，但即使如此，小农选择波拿巴，也依然是因为他们的社会生活和物质利益所决定了他们的选择。

小农阶级所反映出的状况——代表与被代表者之间不

---

① 如汪晖所言，去政治化的政党一方面面临着政党国家化的倾向，表现为"代表性断裂"，其核心在于政党政治的危机；另一方面具有政治能动性的"阶级"消融在以国家为中心的社会分层所划分出的"阶层"之中了。参见汪晖：《代表性断裂与"后政党政治"》，载《开放时代》第2期，2014年。

一定是一一对应的关系，在1848年革命之后的特殊时期，表现为波拿巴（代表）利用小农，但只是暂时性地依靠着小农（被代表者），正如他总是拉拢一个阶级，时而又侮辱这个阶级。从长远来看，法国农民终将对于波拿巴的统治感到失望，小农与官僚制度的紧密联系会随着中央集权制的发展而瓦解，小农会放弃对于小块土地的执念。小农阶级会重新选择新的阶级来代表自己，或者有机会在政治层面代表自身。

代表制问题也在一定程度上指向了代议制民主的危机。我们看到，既然在代表与被代表之间存在着不能紧密对应的关系，代表与被代表之间的利益关系也不意味着一荣俱荣，一损俱损。由于被代表的阶级之间利益关系复杂，政党的利益与政党所属阶级的利益无法精确对应，代表者在议会政治中维护的是政党的特殊利益，特殊利益并不会因此一一落实到每一个被代表者那里。因此，阶级利益的普遍化是无法在这样的代表制度中真正得以完成。正是在这个意义上，马克思批评议会民主制的虚假，他指出的是代议民主制只是在观念中实现了普遍意志，实现了民主的精神，但是就其实质而言，代议民主制维持着特殊利益与普遍利益的分离形式。

政党之间的利益也在瓦解着代议制民主本身。法国议会中多个政党特殊利益的博弈，最终让原本形成的联盟关系遭到瓦解。共和派、秩序党纷纷因为无法调和各自的特殊利益而内部瓦解，马克思总结这一现象时称："资产阶级的思想家和资产阶级自己，代表者和被代表者，都互相疏远了，都不再互相了解了。"[①]代表制度在其实践层面的断裂，在1851年法国的政治局势中，最终被波拿巴利用。虚弱的、名不符实的民主制度最终造成集权者的上台，行政权作为自主的力量完全压倒了立法权的代表制度。马克思用实际的历史活动指出了现代民主政治制度的危机，以及对于该制度抽象原则的迷信会造成政治行动上的虚弱。

---

① 《马克思恩格斯文集》第2卷，人民出版社2009年，第547页。

五、《雾月十八日》的当代启示

尽管《雾月十八日》的汉译已近百年，国内学界似乎依然缺乏深入解读《雾月十八日》的兴趣，相比较马克思主义其他经典著作，关于《雾月十八日》的严肃研究相当稀少，所以《雾月十八日》的学术解读是它激发更多理论关注的基础前提。

的确，《雾月十八日》文本的解读困难来自于马克思特殊的叙述技巧，作品的叙事逻辑与历史事件的发展逻辑交织一体。马克思客观地呈现了1848—1851年路易·波拿巴复辟的过程，历史事件自身的展开过程已经透露出历史事物自我运作的逻辑，马克思不是借着历史事件来发表自己的历史看法，而是要让他的读者深入理解历史过程的内在逻辑。马克思认为，人们理解政治不应该从某个既定的原则与观念出发，而要以政治事件自身的发展过程作为基本的出发点与观察点。

除此以外,《雾月十八日》的学术研究可以呈现文本的复杂性,有的研究过于着急地想总结出两三条准则,总想从哲学里找答案。其实,每一个经典文本本身都包含着多重理论的层次,条分缕析地展现不同层次的内容及其相互关系,客观准确地理解核心概念的界定与使用,才可能真正理解马克思哲学所提供的多重的含义,越是能呈现文本内部的复杂张力,越是在彰显文本的学术内涵;相反,任何单一的、笼统的概括性解读都值得读者警惕。

在学术解读的基础上,思想启发才变得有意义。《雾月十八日》这部作品往大里讲,是具体事件中展现了历史结构的作用结果,正因此,社会、阶级、政治上层建筑的多个因素才共同创造了具体事件的历史条件。这部作品往小里讲,却有着针砭时弊的锐利。马克思讽刺了路易·波拿巴篡夺革命果实的狡诈,批评了资产阶级为了自身利益而断送革命成果的浅见,也不满意无产阶级革命者对于局势的把握与判断。无论长时段或是短时段,《雾月十八日》都提供给读者审视自己所处历史环境的分析视角与批判眼光。如果说学术解读的效果在于客观还原19世纪的历史语境和唯物史观的理论内涵,那么思想启发的用力处,就在于能否书写21世纪的《雾月十八日》了。

对于中国读者来说,《雾月十八日》的启示意义要与当代中国社会相联系。今天的马克思主义研究已经在学术领域取得了很大成果,但若说以唯物史观的视角分析中国社会却是少之又少。当代中国累积了古代传统社会长期的历史积淀,也在世界的变迁中发生了重大的角色变换,已成为影响着当代世界历史发展轨迹的重要力量。就《雾月十八日》的主题来说,大致有以下几个方面值得在阅读中展开更多的思考。

(一) 如何立足于当代而理解传统

民族的传统是一个民族得以生根、发展的基础。尼采曾在《历史的用途与滥用》中提到了民族的"可塑力",尼采认为可塑力是指"那种将过去的、陌生的东西与身边的、现在的东西融为一体的力量"[1]。传统与当代的、外来文化之间的融合,显然不是简单的拼凑即可,这里说的

---

[1] [德]尼采:《历史的用途与滥用》,陈涛、周辉荣译,上海人民出版社2000年,第4页。

可塑力便是一种有机的、具有生命力的融合形式。生命力的融合与每一个民族的人之生命与情感息息相关，传统之所以源远流长，不仅仅在于其同政治统治的联系，更是在于传统深入社会生活。故钱穆在《国史大纲》的前言中讲："（对本国历史略知者）对其本国以往历史之温情与敬意"，有了这种敬意，便"不会对其本国历史抱一种偏激的虚无主义"。[1]钱宾四先生所谓的"温情与敬意"正是传统的温度，是每一个文化民族之生生不息的情感。

此番讲法是在传统传承层面的言说。《雾月十八日》中开篇名言："人们自己创造自己的历史，但是他们并不是随心所欲地创造，并不是在他们自己选定的条件下创造，而是在直接碰到的、既定的、从过去承继下来的条件下创造。"[2]这句话被通常地认为是任何新事物都是在基于传统的前提下的创造，因此任何的创新都不可能是凭空造就，而一定有其传承性的一面。在"百年未有之大变局"的背景下，在今天愈发理解一个民族的传统之于民族性的根本作用，这样的传统不仅让中华民族得以精神之独立于世界，更是创新发展源源不断的灵感来源。历史唯物主义

---

[1] 钱穆：《国史大纲》，商务印书馆2013年，第1页。
[2] 《马克思恩格斯文集》第2卷，人民出版社2009年，第470页。

所强调的是，传统也不单单是精神的、思想的、观念上的传统，更是植根于社会生活的、活生生的传统。正如《雾月十八日》里曾经批评小资产阶级观念所揭示的那样，小资产阶级未能意识到自身观念的局限取决于他们生活的局限，他们的实际生活指引着他们的想法。由此及之，传统是不可能远离实际社会生活，独立于实际生活而实现其传承的，中华民族延绵不尽之传统恰恰是汇聚了各个时期诸民族的诸文化，选择了适应于当时实际生活的方式，主动且积极地改造着传统，让传统不是某种固定的、僵化的教条或知识，而是能够生长于不同时代的活的传统。

如何立足于当代而把握传统，实际上成为每一个时代所必须面对的话题。曾几何时，人们简单地用"取其精华，去其糟粕"笼统地归纳对待传统的尺度，但何谓精华，何谓糟粕，是由社会生活自身的尺度所决定的。有些观念认为，精华与糟粕之区分在于思想价值层面，却未曾细想思想价值不是独立存在的事物，社会生活始终是思想价值所依赖的基础。无法在现实的社会生活中扎根生长的传统，已经失去了它得以现实化的条件，成了"死的"传统。脱离了社会生活的精神文明与物质文明，是内容与形式相分离的传统，进而成为一种表演性的展示，或是空留其名的形式。空疏的传统是无法再生产出它们的新形态，如此"为了保留而保留"下来的传统，也不再具备教育陶冶当代人的积极意义了。过分的怀古意识认为只要是古代的、传统的事物都是有价值的，一切传统的东西都在怀古意识中笼罩上一层神圣的光环。事实上，与流行的实证科学颇为不同的是，唯物史观强调从已经发展了的社会形态去理解过去，把传统看作为历史的结果。这表明，传统是洞察当代社会的内容所理解到的传统，绝非抽象地分离出传统与现代，甚至人为地制造传统与现代之间的对立。唯物史观与此种实证科学有着本质的差异。

值得注意的是，《雾月十八日》里的传统更多扮演了"不光彩"的角色。传统是被现代人所假借的"亡灵"，它们被人别有用心地从历史神龛中请出，用以掩盖追求特殊利益的动机。比如，马克思分析保皇党人对于帝制传统的热忱，最后指出他们对于国王的热衷远远比不上他们对自身利益的热衷，旧事物无非是保障他们特殊利益的外在条件而已。又比如，马克思在讽刺1848年革命走"下降的路线"，在一次次的议会斗争中开起了倒车，代表旧事物的传统英雄仿佛又活了起来，人们又回到了"早已死灭的时代"。传统是被政治力量所利用，用以再度树立对于过去事物的迷信，从而赢得统治的合法性。马克思对这些现象的批判暗示着与现实历史格格不入的事物，终究不可能得以长存，任何主观上的意图都是没法改变社会结构的客观变迁。一个社会与国家对于本国传统的尊重，是建立在正确认识本国客观历史条件之上所保留的"温情与敬意"，一个国家能在不断创新发展之中，保存文化、发扬文化、创造新文化，才能促进文明进步。

（二）应当充分重视社会治理与国家治理的协调一致

当代中国国家制度建设的复杂性超乎寻常，其一端深深扎根于中国历史上国家政权与制度变迁的传统之中，当代中国许多特征源流于既定的历史结构，是长期积累形成的结果；另一端，近数十年来的经济结构变动，让高速发展中的中国在短时间内集中涌现大量超出传统治理经验之外的新问题与新现象。当代中国的国家治理必须在这两端中做出调适，既要及时回应眼下的治理问题，更要在长时段层面补充政治理念的中国经验。

中国国家治理的核心议题之一是中央与地方的关系，"央地关系"也是中国历代政治制度流变中恒久的话题。就当代中国国家治理而言，"央地关系"集中体现为一统体制与有效治理的内在矛盾。所谓一统体制，是广义上的中央政府对广大国土的统辖权，体现在中央政府自上而下推行其政策意图、在资源和人事安排上统辖各地的最高权力。[①]与之对应，有效治理是地方基层政府面对具体实际问题的治理能力，它既要同中央政府的政策相一致，又要保持一定的灵活性。今天，我们明确提出治理体系与治理能力的现代化，它必然指向一统体制与有效治理矛盾对应机制的现代化革新，中国国家治理体系作为一套动态系统，科学地处理"央地关系"之间的动态运动机制，极有利于维持国家的稳定性发展，因此格外具有现实意义。

西方现代政治理论并不多考虑"央地关系"，无论是美国的联邦制还是欧洲的民族国家体系，它们政体的权力结构指向了另一对关系：社会与国家的关系。支撑起这对关系形成的决定原因是经济生产方式的变化，资本主义诞生的初期，经济依然是以家庭经济为单位，尚未自发形成

---

① 周雪光：《中国国家治理的制度逻辑》，生活·读书·新知三联书店2017年，第19页。

有效的市场交换机制，政治因素与经济因素仍然结合在一起。等到经济发展到一定阶段，随着分工越来越发达，封建制的国家越来越难以协调个人私有权所带来的麻烦，阶层的分化、私有制的发展等等，基于自律性市场之上的现代社会开始完善，并且逐渐与国家的政治因素相分离。由此，社会与国家的关系成为了18世纪之后西方政治理论的核心议题。

《德法年鉴》时期的马克思就开始关注社会与国家的关系问题，《论犹太人问题》与《黑格尔法哲学批判》无一不沿着此线索展开宗教批判与国家批判的主题。这条线索到了《雾月十八日》中仍然看得清楚，国家看似成为"完全独立的东西"，正是相较于市民社会的发展，国家机器展露出它控制社会的能力。不过，社会与国家的分离即是历史演变的结果，事实上，它们也从未彻底地分离。《雾月十八日》中展现了19世纪中后期某一重大历史现象的前兆，即国家主义的强盛。欧洲大陆竞争性的民族国家体系，伴随着地缘政治不停歇的纷争，维也纳体系[①]所带来的"百年和平"预示着原有政治秩序解体的不可避免。

[①] 维也纳体系，指19世纪初拿破仑帝国崩溃后，以俄、奥、普为首的战胜国通过维也纳会议在欧洲大陆上建立起的新均势体系。

所以，与国家治理能力相应而生的是国家在政治、军事领域的强大竞争力，在这一点上，国家机器的强固既要体现为对内治理能力的完善，也要展现为对外战争的强力，这是民族国家体系必然的历史道路。

在此意义上，国家治理能力更多展现为自上而下的政治运作，积极介入经济结构的变动以符合国家利益的需要。俾斯麦时期的德国更是要求经济政策要服务于国家利益，这也是从19世纪开始所特有的政治主题。但是，社会与国家的关系一定是双向运动的关系，它不可能仅仅由国家一端提供运动的单一动能，否则这对关系是无法在动态运动中保持平衡关系，也就是容易造成社会与国家的不稳定。因此，我们注意到《雾月十八日》中还有这样的分析，当革命运动失利之后，人们方才意识到"社会现在忽然落到它的出发点后面去了"，这表明革命的出发点与实际社会条件之间的不协调性，因此脱离了社会条件支持的政治实践具有一定失败的必然性。

今天在很多有关国家治理的政治学研究中，国家是唯一得到重视的研究对象，一般基于实证性的指标来判定国家治理的优劣。马克思曾经批评以马志尼①为代表的共和派的形式主义，他们"只注意国家的政治形式，而不能理解作为政治上层建筑的基础的社会组织的意义"②。所谓形式主义，无非是仅仅关心作为政治形式的国家，从政治制度的角度所把握的国家，他们不能历史地理解国家与社会之间的关系，尤其是忽视了社会组织的历史与政治国家的历史始终是一种动态的历时性关系，而不单纯地表现为一种结构性的共时性关系。因此，历史研究所带给我们真正的理论进步，是从政治形式的外表深入到社会生活的深处时才取得的。③

国家治理如果不能与社会治理相协调，那么国家与社会是很难在现代化进程中相协调同步，社会与国家间的结构关系会产生错位的状况，这非常不利于国家与社会的良性发展。理解今天中国国家治理体系一定要综合分析中央与地方、社会与国家之间复杂的互动机制，一味地强调其中一方的力量，都不利于国家的长治久安，也不符

---

① 朱塞佩·马志尼（Giuseppe Mazzini, 1805—1872），意大利革命家，民族解放运动领袖。列宁把他归为马克思主义以前的非无产阶级社会主义的代表人物。
② 《马克思恩格斯全集》（第1版）第12卷，人民出版社1998年，第450页。
③ 《马克思恩格斯全集》（第1版）第12卷，人民出版社1998年，第450页。

合社会与国家发展的客观规律。这一点，虽然不是马克思写作《雾月十八日》的目的，却是能结合20世纪的历史经验应当予以进一步思考的地方。

（三）重塑"阶级分析"研究的想象力

阶级分析是社会科学研究中客观的、科学的方法，它不单单属于马克思主义的研究，却经由马克思主义而发扬光大的方法。一般来说，社会结构中的人口可以根据不同的标准进行划分，例如地域、民族、宗教等，阶级也是界定总人口中的群体差异的重要尺度。在现代社会，由于分工所导致的所有制形式差异，造成了生产资料占有的群体性差别，有些阶级相对占有更多的生产资料，有些阶级则占有较少的生产资料。同一阶级内部还可以细分出更多的层次，例如资产阶级既可以作为统称，也可以进一步划分为大资产阶级、中产阶级、小资产阶级等。

如果借用地质学的模型，把社会结构想象成一个地质剖面（Geological Section），社会的人口构成是纵深地、层层累积成为社会结构的整体，那么不同阶级的划分相当于社会结构的分层。如此,倘若我们直观地看社会结构,就迅速意识到社会中的总人口绝不是一个数字,它显示出人和人之间社会属性的差异与不同,由于占有生产资料、所有制与社会身份的差别,人和人之间的差异在宏观上显示为阶级与阶级之间的差异。因此,阶级分析揭示了社会总体结构中的差异性。这也只是一种关于阶级的理解,有的学者拒绝从结构或范畴的角度理解阶级,他们坚持从历史现象上看待阶级的形成,如 E. P. 汤普森[1]从人和人的关系与共同经历的结果理解阶级,也是有一定的可取之处。无论如何,阶级分析不像很多人幻想的那样,是一种带有强烈价值判断与批判色彩的政治取向,阶级分析是客观呈现社会本来面貌的科学方法,它只呈现社会事实,而不预设立场与态度先验地置于社会经验之上,这一点也是阶级分析方法难能可贵之处。

阶级分析绝对不仅仅停留于静态的阶级结构,它同时强调阶级的历史性生成。《雾月十八日》毫无疑问是一部运用阶级分析方法的杰作。马克思侧重于阶级的经济条件,认为经济条件使人们的生活方式、利益和教育程度具

---

[1] 爱德华·帕尔默·汤普森(Edward Palmer Thompson, 1924—1993),英国著名历史学家、作家、社会主义者。

有鲜明的差异，不同阶级因为自己经济条件与利益的不同，会采取不同的政治与文化立场。于是，在某个特定的历史时刻，从阶级结构出发理解社会结构。我们可以获得以生产方式与所有权为基础视角的社会状况。如果这项研究再拉长时间轴，人们就能进一步获取阶级结构的动态过程，理解生产力、生产关系之于制度变迁与阶级结构变化的关系。《雾月十八日》的聚焦点是短时段（1848—1851）内帝国（法国）社会中的政治事件，但他从政治事件中既看到了长时段中经济结构与阶级结构的运动，也充分考虑到具体情势下特殊状况（商业危机）的推动，所以，阶级分析在方法论上兼具规范性与灵活性，这是社会科学研究者们值得借鉴之处。

除此以外，阶级分析还强调了统治与被统治的权力结构。马克思在《哥达纲领批判》中批判过抽象的平等权利，在具体社会的考察中，人和人之间、阶级与阶级之间的差异体现为支配与被支配的权力结构，资本所有者对于劳动者的支配既是一种经济关系，更是一种政治关系。在阶级分析中，通过考察不同阶级之间的差别，人们可以在研究中看到阶级之间的权力关系，这种关系往往是社会结构内部人和人不平等关系的体现。只要社会的经济结构维持着生产资料占有与分配的不平等，阶级之间统治与被统治的权力结构始终存在，它是无法超出社会的经济结构以及由经济结构所制约的文化发展。因此，阶级分析相较于一些以规范性建构为旨趣的社会科学方法更加具有批判性质。

今天很多中国社会科学工作者，不假思索地认为阶级分析是一种陈旧的、过时的方法。究其原委，固然有一些生搬硬套阶级理论来分析中国社会的不良影响，也有一些社会科学工作者，把社会群体简化为数字上的区别，更有甚者，仅仅以研究方法是否流行作为基本取向，这些都是不可取的学术态度。中国的社会科学研究不应以时髦为尺度，不应以追求所谓主流为标准，而应当首先尊重中国社会的客观现实。用正确的研究方法获取中国社会的事实经验，用灵活多变的研究方法检验相关成果，是从学术研究中理解当代中国社会的基础环节。而阶级分析的方法正是其中的一项重要方法。

《路易·波拿巴的雾月十八日》的
当代解读与中国道路

原著选读

A BRIEF
INTRODUCTION TO
THE EIGHTEENTH
BRUMAIRE
OF LOUIS
BONAPARTE

路易·波拿巴的雾月十八日*

1869年第二版序言[①]

我的早逝的朋友**约瑟夫·魏德迈**[②],曾打算从1852年1

---

* 本书的选文引自《马克思恩格斯选集》中文第2版第1卷,人民出版社2001年,第579—689页。引用时对原文有适当调整,主要是对原文中脚注、文末注混用的情况,统一成脚注形式,以方便读者阅读。——编者注

① 马克思的《路易·波拿巴的雾月十八日》第2版于1869年7月在汉堡出版。资产阶级报刊对这部著作的新版竭力保持沉默,《人民国家报》直到1870年3月16日才发表该书第2版出版的消息,同时刊登了马克思写的这篇序言。后来,由恩格斯编辑的该书1885年第3版也收录了这篇序言。1891年1月,法国工人党机关报《社会主义者报》发表了序言的法译文;同年,在里尔出版的该书单行本中也载有这篇序言。1894年,这篇序言第一次用俄文发表在日内瓦出版的《路易·波拿巴的雾月十八日》一书俄文第1版上。
《人民国家报》是德国社会民主工党(爱森纳赫派)的中央机关报,从1869年10月2日至1876年9月29日在莱比锡出版,每周两次,1873年7月起改为每周三次。该报反映德国工人运动中的革命派代表人物的观点,因而经常受到政府和警察的迫害。由于编辑常被逮捕,该报编辑部成员不断变动,但报纸的总的领导仍然掌握在威·李卜克内西手里。主持《人民国家报》出版社的奥·倍倍尔在该报中起了很大的作用。马克思和恩格斯从该报创刊起就是它的撰稿人,经常帮助编辑部,不断纠正报纸的路线。因此这家报纸成了19世纪70年代优秀的工人报刊之一。
根据1876年哥达代表大会的决定,从1876年10月1日起,开始出版德国社会主义工人党的统一的中央机关报——《前进报》,以代替《人民国家报》和《新社会民主党报》。反社会党人非常法实行以后,《前进报》于1878年10月27日停刊。

② 魏德迈在美国内战时期担任过圣路易斯区的军事指挥官。

月1日起在纽约出版一个政治周刊。他曾请求我给这个刊物写政变的历史。因此,我直到2月中为止每周都在为他撰写题为《路易·波拿巴的雾月十八日》的论文。这时,魏德迈原来的计划遭到了失败。作为变通办法,他在1852年春季开始出版名为《革命》的月刊,月刊第一期的内容就是我的《雾月十八日》。那时这一刊物已有数百份输送到德国,不过没有在真正的书籍市场上出售过。当我向一个行为极端激进的德国书商建议销售这种刊物时,他带着真正的道义上的恐惧拒绝了这种"不合时宜的要求"。

从上述事实中就可以看出,本书是在形势的直接压迫下写成的,而且其中的历史材料只是截至(1852年)2月止。现在把它再版发行,一方面是由于书籍市场上的需求,另一方面是由于我那些在德国的朋友们的催促。

在与我这部著作差不多同时出现的、论述同一问题的著作中,值得注意的只有两部:**维克多·雨果**的《**小拿破仑**》和**蒲鲁东**的《**政变**》[①]。

维克多·雨果只是对政变的负责发动人作了一些尖刻的和机智的痛骂。事变本身在他笔下被描绘成了晴天的霹雳。他认为这个事变只是一个人的暴力行为。他没有觉察到,当他说这个人表现了世界历史上空前强大的个人主动性时,他

---

① 即蒲鲁东的《从十二月二日政变看社会革命》。

就不是把这个人写成小人而是写成巨人了。蒲鲁东呢,他想把政变描述成以往历史发展的结果。但是,在他那里关于政变的历史构想不知不觉地变成了对政变主人公所作的历史的辩护。这样,他就陷入了我们的那些所谓**客观**历史编纂学家所犯的错误。相反,我则是证明,法国**阶级斗争**怎样造成了一种局势和条件,使得一个平庸而可笑的人物有可能扮演了英雄的角色。

现在如果对本书加以修改,就会使它失掉自己的特色。因此,我只限于改正印错的字,并去掉那些现在已经不能再理解的暗语。

我这部著作的结束语:"但是,如果皇袍终于落在路易·波拿巴身上,那么拿破仑的铜像就将从旺多姆圆柱①顶上倒塌下来"——这句话已经实现了。

沙尔腊斯上校在他论述1815年战役的著作②中,开始了对崇拜拿破仑的攻击。从那时起,特别是在最近几年中,法国的出版物借助历史研究、批评、讽刺和诙谐等等武器彻底破除了关于拿破仑的奇谈。在法国境外,这种与传统的民众

---

① 旺多姆圆柱又称凯旋柱。它是为了纪念拿破仑第一的战功,于1806—1810年在巴黎旺多姆广场修建的。整个圆柱全部用缴获的武器上的青铜制成,顶上铸有一座拿破仑雕像,雕像在复辟时期被拆除。但在1883年又重新复原。1871年根据巴黎公社的决议,旺多姆圆柱作为军国主义的象征被推倒。1875年圆柱又被资产阶级政府修复。
② 即沙尔腊斯的《1815年滑铁卢战役史》。

信仰的断然决裂，这个非同寻常的精神革命，很少有人注意，更不为人所理解。

最后，我希望，我这部著作对于清除那种特别是现今在德国流行的所谓**凯撒主义**的书生用语，将会有所帮助。在作这种肤浅的历史对比时，人们忘记了主要的一点，即在古罗马，阶级斗争只是在享有特权的少数人内部进行，只是在富有的自由民与贫穷的自由民之间进行，而从事生产的广大民众，即奴隶，则不过为这些斗士充当消极的舞台台柱。人们忘记了**西斯蒙第**所说的一句名言：罗马的无产阶级依靠社会过活，现代社会则依靠无产阶级过活①。由于古代阶级斗争同现代阶级斗争在物质经济条件方面有这样的根本区别，由这种斗争所产生的政治怪物之间的共同点也就不可能比坎特伯雷大主教与最高祭司撒母耳之间的共同点更多。

卡尔·马克思
1869年6月23日于伦敦

---

① 西斯蒙第《政治经济学概论》1837年巴黎版第1卷第35页。

恩格斯写的1885年第三版序言

《雾月十八日》在出版问世33年后还需要印行新版,证明这部著作就是在今天还丝毫没有失去自己的价值。

的确,这是一部天才的著作。紧接着一个事变——这个事变像晴天霹雳一样震惊了整个政治界,有的人出于道义的愤怒大声诅咒它,有的人把它看作是脱离革命险境的办法和对于革命误入迷途的惩罚,但是所有的人对它都只是感到惊异,而没有一个人理解它——紧接着这样一个事变之后,马克思写出一篇简练的讽刺作品,叙述了二月事变①以来法国历史的全部进程的内在联系,揭示了12月2日的奇迹②就是这种联系的自然和必然的结果,而他在这样做的时候对政变的主人公除了给予应得的蔑视以外,根本不需要采取别的态

---

① 二月事变是指1848年2月爆发的法国资产阶级民主革命。代表金融资产阶级利益的"七月王朝"推行极端反动的政策,反对任何政治改革和经济改革,阻碍资本主义发展,加剧对无产阶级和农民的剥削,引起全国人民的不满;农业歉收和经济危机进一步加深了国内矛盾。1848年2月22日至24日巴黎爆发了革命,推翻了"七月王朝",建立了资产阶级共和派的临时政府,宣布成立法兰西第二共和国。无产阶级和小资产阶级积极参加了这次革命,但革命果实却落到了资产阶级手里。

② 指1848年12月10日担任法兰西共和国总统职务的路易·波拿巴于1851年12月2日在法国举行的政变:立法议会和国务会议被解散,许多议员被逮捕,全国有32个省宣布处于战时状态,社会党和共和党的领导人被驱逐出法国。1852年1月14日通过的新宪法曾规定,一切权力都集中在总统手中,1852年12月2日却宣布路易·波拿巴为法国皇帝,帝号拿破仑第三。

度。这幅图画描绘得如此高明,以致后来每一次新的揭露,都只是提供出新的证据,证明这幅图画是多么忠实地反映了实际。他对活生生的时事有这种卓越的理解,他在事变刚刚发生时就对事变有这种透彻的洞察,的确是无与伦比。

但是要做到这一点,就需像马克思那样深知法国历史。法国是这样一个国家,在那里历史上的阶级斗争,比起其他各国来每一次都达到更加彻底的结局;因而阶级斗争借以进行、阶级斗争的结果借以表现出来的变换不已的政治形式,在那里也表现得最为鲜明。法国在中世纪是封建制度的中心,从文艺复兴时代起是统一的等级君主制的典型国家,它在大革命中粉碎了封建制度,建立了纯粹的资产阶级统治,这种统治所具有的典型性是欧洲任何其他国家所没有的。而正在上升的无产阶级反对占统治地位的资产阶级的斗争在这里也以其他各国所没有的尖锐形式表现出来。正因为如此,所以马克思不仅特别偏好地研究了法国过去的历史,而且还考察了法国时事的一切细节,搜集材料以备将来使用。因此,各种事变从来也没有使他感到意外。

此外还有另一个情况。正是马克思最先发现了重大的历史运动规律。根据这个规律,一切历史上的斗争,无论是在政治、宗教、哲学的领域中进行的,还是在其他意识形态领域中进行的,实际上只是或多或少明显地表现了各社会阶级的斗争,而这些阶级的存在以及它们之间的冲突,又为它们的经济状况的发展程度、它们的生产的性质和方式以及由生产所决定的交换的性质和方式所制约。这个规律对于历史,同能量转化定律对于自然科学具有同样的意义,这个规律在这里也是马克思用以理解法兰西第二共和国历史的钥匙。在这部著作中,他用这段历史检验了他的这个规律;即使已经过了33年,我们还是不能不说,这个检验获得了辉煌的成果。

弗·恩·

路易·波拿巴的雾月十八日

一

黑格尔在某个地方说过，一切伟大的世界历史事变和人物，可以说都出现两次。他忘记补充一点：第一次是作为悲剧出现，第二次是作为笑剧出现。①科西迪耶尔代替丹东，路易·勃朗代替罗伯斯比尔，1848—1851年的山岳党代替1793—1795年的山岳党②，侄子代替伯父。在使雾月十八日

---

① 马克思是指黑格尔在《历史哲学》第3部第2篇"从第二次普尼克战争到皇帝当政时期"中的论述。黑格尔指出，盖·尤·凯撒消灭共和国和建立个人独裁是历史的必然。所以他认为，布鲁士斯、卡西乌斯和西塞罗把凯撒实行个人独裁看成是他们的个性所致，以及不杀凯撒便不能恢复共和国的观点是错误的。黑格尔得出结论说："如果某种国家变革重复发生，人们总会把它当作既成的东西而认可。这样就有了拿破仑的两次被捕，波旁王室的两次被驱逐。由于重复，开初只是偶然和可能的东西便成了现实和得到确认的东西了"。
② 1793—1795年的山岳党，指法国资产阶级革命时期代表中小资产阶级利益的革命民主派，因在国民公会开会时坐在大厅左侧的最高处而得名。代表人物有罗伯斯比尔、马拉、丹东等。成员大都参加了雅各宾俱乐部。1792年10月，代表工商业资产阶级利益的吉伦特派退出雅各宾俱乐部后，山岳派实际上成为雅各宾派的同义语。
1848—1851年的山岳党，指法国制宪议会和立法议会中集合在《改革报》周围的小资产阶级民主主义者和社会主义者。其领袖人物为赖德律—洛兰、皮阿等人。以路易·勃朗为首的小资产阶级社会主义者也参加了这一党。他们自称是1793—1795年法国国民公会中的山岳党思想的继承人。1849年2月后该党又称新山岳党。

原著
选读

事变得以再版的种种情况中，也可以看出一幅同样的漫画！①

人们自己创造自己的历史，但是他们并不是随心所欲地创造，并不是在他们自己选定的条件下创造，而是在直接碰到的、既定的、从过去承继下来的条件下创造。一切已死的先辈们的传统，像梦魇一样纠缠着活人的头脑。当人们好像刚好在忙于改造自己和周围的事物并创造前所未闻的事物时，恰好在这种革命危机时代，他们战战兢兢地请出亡灵来为他

———

① 在1852年版中这一段是这样写的："黑格尔在某个地方说过，一切伟大的世界历史事变和人物，可以说都出现两次。他忘记补充一点：第一次是作为伟大的悲剧出现，第二次是作为卑劣的笑剧出现。科西迪耶尔代替丹东，路易·勃朗代替罗伯斯比尔，1848—1851年的山岳党代替1793—1795年的山岳党，伦敦的特别警察(指路易·波拿巴流亡伦敦期间曾自愿充当特别警察。这些特别警察是由平民组成的警察后备队，他们曾帮助正规警察驱散1848年4月10日的宪章派示威队伍。伦敦的特别警察代替小个军士指路易·波拿巴代替拿破仑第一。)和一打债台高筑的军官代替小个军士及其一桌元帅！白痴的雾月十八日代替天才的雾月十八日！在使雾月十八日事变得以再版的种种情况中，也可以看出一幅同样的漫画。第一次是法国站在破产的边缘，这一次是波拿巴自己站在债务监狱的边缘；当初是大国联盟站在边境，这一次是卢格和达拉什联盟在英国，金克尔和布伦坦诺联盟在美国；当初是爬过一座圣伯纳德山(1800年6月14日，拿破仑的军队经圣伯纳德山口翻越阿尔卑斯山，在意大利北部的马伦戈击溃奥地利将军梅拉斯的军队。这一决定性胜利最后导致英、俄、奥等国反法同盟的解体)，这一次是派一个中队宪兵越过汝拉山脉(指1851年12月至1852年1月间由于路易·波拿巴要求瑞士当局引渡法国共和派流亡者而发生的法国和瑞士两国之间的冲突。)；当初是不止获得一个马伦戈，这一次是应当得到圣安德烈大十字勋章(圣安德烈勋章是沙皇俄国的最高勋章。马克思在这里显然是指路易·波拿巴需要得到俄国皇帝尼古拉一世的承认。)和丧失柏林《国民报》的尊敬。"

们效劳，借用它们的名字、战斗口号和衣服，以便穿着这种久受崇敬的服装，用这种借来的语言，演出世界历史的新的一幕。例如，路德换上了使徒保罗①的服装，1789—1814年的革命依次穿上了罗马共和国和罗马帝国的服装，而1848年的革命就只知道拙劣地时而模仿1789年，时而又模仿1793—1795年的革命传统。就像一个刚学会一种新语言的人总是要把它翻译成本国语言一样；只有当他能够不必在心里把新语言翻译成本国语言，当他能够忘掉本国语言来运用新语言的时候，他才算领会了新语言的精神，才算是运用自如。

在观察世界历史上这些召唤亡灵的行动时，立即就会看出它们中间的显著差别。旧的法国革命时的英雄卡米尔·德穆兰、丹东、罗伯斯比尔、圣茹斯特、拿破仑，同旧的法国革命时的党派和人民群众一样，都穿着罗马的服装，讲着罗马的语言来实现当代的任务，即解除桎梏和建立现代**资产阶级**社会。前几个人粉碎了封建制度的基础，割去了长在这个基础上的封建头脑；另一个人在法国内部创造了一些条件，从而才保证有可能发展自由竞争，经营分成小块的地产，利用解除了桎梏的国内的工业生产力，而他在法国境外则到处

---

① 使徒保罗是圣经中的人物，原名扫罗，是虔诚的犹太教徒。据《新约全书·使徒行传》记载，当他前往大马士革追捕基督教徒时，忽被强光照射，耶稣在光中显现，嘱他停止迫害基督徒。他从此转信耶稣基督，后来成为耶稣直接挑选的使徒，被派往各地传教，改名保罗。《新约全书》中的《保罗书信》传说为他所写，其主要思想成为基督教教义和神学的重要依据之一。

根据需要清除各种封建的形式，为的是要给法国资产阶级社会在欧洲大陆上创造一个符合时代要求的适当环境。但是，新的社会形态一形成，远古的巨人连同复活的罗马古董——所有这些布鲁土斯们、格拉古们、普卜利科拉们、护民官们、元老们以及凯撒本人就都消失不见了。冷静务实的资产阶级社会把萨伊们、库辛们、鲁瓦耶—科拉尔们、本杰明·贡斯当们和基佐们当作自己真正的翻译和代言人；它的真正统帅坐在营业所的办公桌后面，它的政治首领是肥头肥脑的路易十八。资产阶级社会完全埋头于财富的创造与和平竞争，竟忘记了古罗马的幽灵曾经守护过它的摇篮。但是，不管资产阶级社会怎样缺少英雄气概，它的诞生却是需要英雄行为，需要自我牺牲、恐怖、内战和民族间战斗的。在罗马共和国的高度严格的传统中，资产阶级社会的斗士们找到了理想和艺术形式，找到了他们为了不让自己看见自己的斗争的资产阶级狭隘内容、为了要把自己的热情保持在伟大历史悲剧的高度上所必需的自我欺骗。例如，在100年前，在另一发展阶段上，克伦威尔和英国人民为了他们的资产阶级革命，就借用过旧约全书中的语言、热情和幻想。当真正的目的已经达到，当英国社会的资产阶级改造已经实现时，洛克就排挤了哈巴谷①。

由此可见，在这些革命中，使死人复生是为了赞美新的斗争，而不是为了拙劣地模仿旧的斗争；是为了在想象中夸大某一任务，而不是为了回避在现实中解决这个任务；是为了再度找到革命的精神，而不是为了让革命的幽灵重行游荡。

在1848—1851年间，只有旧革命的幽灵在游荡，从改穿了老巴伊的服装的戴黄手套的共和党人马拉斯特起，直到用拿破仑的死人铁面型把自己的鄙陋可厌的面貌掩盖起来的冒险家②止。自以为借助革命加速了自己的前进运动的整个民族，忽然发现自己被拖回到一个早已死亡的时代；而为了不致对倒退产生错觉，于是就使那些早已成为古董的旧的日期、旧的纪年、旧的名称、旧的敕令以及好像早已腐朽的旧宪兵复活起来。一个民族的感觉，就好像贝德勒姆③那里的一个癫狂的英国人的感觉一样，这个英国人设想自己生活在古代法老的时代，他每天悲痛地埋怨繁重的劳役，因为他要在地下监狱般的埃塞俄比亚矿场挖掘金矿，借着系在自己头上的一盏暗淡油灯的灯光，在一些手持长鞭的奴隶监工的监督下劳

---

① 哈巴谷是圣经中12个所谓小先知之一。他以其诗一般热情的话语为人们所称道。约翰·洛克是17世纪英国资产阶级革命后出现的哲学家和经济学家，他处事注重实际而缺少诗意，只相信人的理智。在这里马克思把哈巴谷当作洛克的对立面。
② 路易·波拿巴。
③ 伦敦的疯人院。

原著
选读

动；矿洞口站着一群乱哄哄的野蛮兵士，他们既不了解劳役囚人，相互之间也不了解，因为大家讲着不同的语言。疯癫的英国人叹道："我这个生来自由的不列颠人被迫忍受这一切，为的是要替古代法老找金子。""为的是要替波拿巴家族还债。"——法兰西民族叹道。这个英国人在头脑清醒的时候总不能撇开找金子这种固定观念。法国人在从事革命的时候总不能摆脱对拿破仑的追念，12月10日的选举[1]就证明了这一点。由于害怕革命的危险，他们曾经退回去追求埃及的肉锅[2]，1851年十二月二日事件便是对于这一点的回答。他们所得到的不只是一幅老拿破仑的漫画，他们得到的是漫画化的老拿破仑本身，是在19世纪中叶所应当出现的老拿破仑。

19世纪的社会革命不能从过去，而只能从未来汲取自己的诗情。它在破除一切对过去的迷信以前，是不能开始实现自己的任务的。从前的革命需要回忆过去的世界历史事件，为的是向自己隐瞒自己的内容。19世纪的革命一定要让死人去埋葬他们的死人[3]，为的是自己能弄清自己的内容。从前是

---

[1] 1848年12月10日，路易·波拿巴经大选成为法兰西共和国总统。
[2] 埃及的肉锅，即谚语"惋惜埃及的肉锅"，典出于圣经传说：被奴役的以色列人逃离埃及，行至旷野，饥饿难忍，于是开始抱怨摩西，说他不应该带领他们离开埃及，因为他们在埃及虽然世代为奴，但毕竟可以围着肉锅吃饱肚子。（参看《旧约全书·出埃及记》第16章第1—3节）"惋惜埃及的肉锅"后来逐渐成了一句谚语。
[3] 《新约全书·马太福音》第8章第22节。

辞藻胜于内容，现在是内容胜于辞藻。

二月革命对于旧社会是一个突然袭击，是一个**意外事件**，而人民则把这个突然的打击宣布为具有世界历史意义的壮举，认为它开辟了一个新纪元。12月2日，二月革命被一个狡猾的赌徒的骗术所葬送，结果，被消灭的不再是君主制度本身，而是一个世纪以来的斗争从君主制度方面夺取来的自由主义的让步。结果，不是**社会**本身获得了新的内容，而只是**国家**回到了最古的形态，回到了宝剑和袈裟的极端原始的统治。1851年12月的轻率行为报复了1848年2月的勇敢打击。来得容易去得快。然而这两个事变之间的时间并不是白过了的。在1848—1851年期间，法国社会总算获得了教训和经验，而且是以革命的，因而是速成的方式获得的。这些教训和经验在正常的即所谓按部就班的发展进程中，本来应该在二月革命以前预先获得，如果这次革命不只是一种表面的动荡的话。看起来仿佛社会现在落到它的出发点后面去了，实际上社会还只是在为自己创造革命所必需的出发点，创造唯一能使现代革命成为真正的革命的形势、关系和条件。

资产阶级革命，例如18世纪的革命，总是突飞猛进，接连不断地取得胜利的；革命的戏剧效果一个胜似一个，人和事物好像是被五彩缤纷的火光所照耀，每天都充满极乐狂欢；然而这种革命为时短暂，很快就达到自己的顶点，而社会在还未学会清醒地领略其疾风暴雨时期的成果之前，一直是沉溺于长期的酒醉状态。相反,无产阶级革命,例如19世纪的革命,则经常自己批判自己,往往在前进中停下脚步,返回到仿佛已经完成的事情上去,以便重新开始把这些事情再做一遍;它十分无情地嘲笑自己的初次行动的不彻底性、弱点和拙劣;它把敌人打倒在地上,好像只是为了要让敌人从土地里汲取新的力量并且更加强壮地在它前面挺立起来;它在自己无限宏伟的目标面前,再三往后退却,一直到形成无路可退的情况为止,那时生活本身会大声喊道:

这里是罗陀斯,就在这里跳跃吧!

这里有玫瑰花,就在这里跳舞吧![1]

但是,每个平庸的观察家,即使他没有逐步研究过法国事变发展的进程,也不免要预感到,这次革命必将遭受前所未闻的屈辱。只要听一听民主派先生们当时那种自鸣得意的胜利叫嚣就够了,这些先生们曾经互相祝贺,满以为1852年

---

[1] "这里是罗陀斯,就在这里跳跃吧!"出典于伊索寓言《说大话的人》。一个说大话的人自吹在罗陀斯岛上跳得很远很远,别人就用这句话反驳他。其转意就是:这里就是最主要的,你就在这里证明吧!

"这里有玫瑰花,就在这里跳舞吧!"这句话是上面那句话演变而来的。罗陀斯在希腊语中既是岛名,又有"玫瑰花"的意思。黑格尔在《法哲学》一书的序言中曾使用这种说法。

5月的第二个星期日①一定会带来良好的结果。1852年5月的第二个星期日在他们头脑中成了一种固定观念,成了一个教条,正如在锡利亚②信徒脑子里基督再临和千年王国到来的那个日子一样。弱者总是靠相信奇迹求得解救,以为只要他能在自己的想象中驱除了敌人就算打败了敌人;他总是对自己的未来,以及自己打算建树,但现在还言之过早的功绩信口吹嘘,因而失去对现实的一切感觉。这些英雄是想以彼此表示同情和结成团伙,来驳倒关于他们显然庸碌无能的意见,他们收拾起自己的家私,预先拿起自己的桂冠,准备把他们的有名无实的共和国(这些共和国的政府人员已由他们毫不挑剔地在暗中确定了)拿到交易所里去贴现。12月2日对他们来说犹如晴天霹雳。人民在意气消沉的时代总是乐意让呼喊者的大喊大叫来压抑自己内心的惊愕,这一次他们也许已

---

① 按照1848年11月4日宪法规定,法兰西共和国总统任期为四年,新总统的选举在5月的第二个星期日举行。即将离任的总统不能参加竞选。1852年5月的这一天,路易·波拿巴的总统任期届满。小资产阶级民主派,特别是流亡者,希望民主党派在这一天能够上台执政。
② 锡利亚一词源于希腊文锡利亚斯(Chilioi,意为一千)。锡利亚教义产生在奴隶制度解体时期,宣传耶稣再生和在地球上建立公正、平等和幸福的"千年王国"的宗教神秘主义学说。它反映了农民和城市贫民的心态,在基督教早期这种信仰流传很广,后来经常出现在中世纪的各种教派的学说中。

经了解到：鹅的叫声能够拯救卡皮托利诺①的那种时代已经过去了。

宪法、国民议会、保皇党②、蓝色的和红色的共和党人③、非洲的英雄④、讲坛的雷鸣声、报刊的闪电、整个著作界、政治声望和学者的名誉、民法和刑法、自由、平等、博爱以及1852年5月的第二个星期日，所有这一切，都好像一片幻影在一个人的咒文面前消失不见了，而这个人连他的敌人也不认为是一个魔法师。普选权还保持了一刹那，好像仅仅是为了在全世界面前亲笔写下自己的遗嘱，并以人民自己的名义宣布："一切现存的东西，都一定要死亡。"⑤

---

① 卡皮托利诺是罗马城市中一个设有防御工事的小丘,那里建有尤诺纳教堂等。据传说,公元前390年高卢人进犯罗马时,尤诺纳教堂里鹅的叫声惊醒了守卫卡皮托利诺的士兵而使罗马城得救。
② 指正统派和奥尔良派。正统派是波旁王朝长系的拥护者,奥尔良派支持在七月王朝时期(1830—1848年)统治法国的奥尔良王朝,代表了金融贵族和大资产阶级的利益。在第二共和国时期(1848—1851年),正统派和奥尔良派联合组成"秩序党"。
③ 蓝色共和党人指资产阶级共和派,因其机关报是《国民报》,故又称《国民报》派,亦称三色旗共和派、纯粹的共和派。1848年革命时期,这一派的领导人参加了临时政府,后来靠卡芬雅克的帮助策划了六月大屠杀。红色共和党人指其他各种民主派和社会主义者。
④ "非洲的英雄"指曾经参加阿尔及利亚殖民战争的法国军官。在法国,人们曾把他们称作"非洲人"或"阿尔及利亚人"。马克思在这里指的是卡芬雅克、拉莫里谢尔和贝多等将军,他们是国民议会中共和派集团的首领。
⑤ "一切现存的东西,都一定要死亡"这句名言出自歌德《浮士德》第1部第3场"浮士德的书斋"。

像法国人那样说他们的民族遭受了偷袭,那是不够的。一个民族和一个妇女一样,即使有片刻疏忽而让随便一个冒险者能加以奸污,也是不可宽恕的。这样的言谈并没有揭开这个谜,而只是把它换了一个说法罢了。还应当说明,为什么一个有3 600万人的民族竟会被三个衣冠楚楚的骗子偷袭而毫无抵抗地做了俘虏。

现在我们来把法国革命从1848年2月24日到1851年12月所经过的阶段大致总结一下。

总共有以下三个明显的主要时期:**二月时期**;**共和国建立时期**,或**制宪国民议会**时期(从1848年5月4日到1849年5月28日);**立宪共和国时期**,或**立法国民议会时期**(从1849年5月28日到1851年12月2日)。

第一个时期,从1848年2月24日到5月4日,即从路易-菲力浦被推翻起到制宪议会开幕之日止(这是本来意义上的**二月时期**),这个时期可以称为革命的序幕。这个时期的性质,正式表现于这一时期仓促建立的政府自己宣布自己是临时性的。在这个时期所采取、试行和发表的一切,都像政府一样,一概宣布自己只是**临时性**的。无论什么人和什么机构,都不敢承认自己有权长期存在,有权真正有所作为。所有一切准备了或决定了革命的分子——王朝反对派①、共和派资产阶级、民主共和派小资产阶级和社会民主派工人，都在二月政府中临时取得了位置。

　　情况只能是这样。二月事变原先的目标是选举改革，以求扩大有产阶级内部享有政治特权者的范围和推翻金融贵族独占的统治。但是，当事变已演进到引起实际冲突，当人民已投入街垒斗争，当国民自卫军采取消极的态度，军队不进行认真抵抗而王室已经逃走的时候，成立共和国似乎就是自然而然的事情了。每个政党都按自己的观点去解释共和国。手持武器夺得了共和国的无产阶级，在共和国上面盖上了自己的印记，并把它宣布为**社会共和国**。这样就表露出了现代革命的总的内容，这个内容和在当时的情况与条件下、在群众已达到的教育水平上用现成材料所能立刻直接实现的一切都是极为矛盾的。另一方面，其余一切曾经促进二月革命取得胜利的分子，都因在政府里获得最好的位置而心满意足了。正因为如此，任何其他时期都没有当时那样错综复杂：浮夸的空话同实际上的犹豫不决和束手无策相混杂，热烈谋求革新的势力同墨守成规的顽固积习相混杂，整个社会表面上的协调同社会各个成分的严重的彼此背离相混杂。当巴黎无产

---

① 王朝反对派是七月王朝时期法国众议院中的一个以奥·巴罗为首的议员集团。这个集团代表工商业资产阶级自由派的政治观点，主张实行温和的选举改革，认为这样就能避免革命并维持奥尔良王朝的统治。

阶级还陶醉于为它开辟的伟大前途并且认真地埋头讨论各种社会问题时，旧的社会力量却在集结，联合，醒悟，并获得了国内群众的意外支持，即获得了那些在七月王朝这个障碍物被推翻后立刻跃上政治舞台的农民和小资产者的意外支持。

第二个时期，从1848年5月4日到1849年5月底，是**资产阶级共和国创立、奠定**的**时期**。紧跟在二月事变之后，不仅王朝反对派被共和派弄得惊慌失措，共和派被社会主义者弄得惊慌失措，而且全法国都被巴黎弄得惊慌失措了。由国民选出而于1848年5月4日开幕的国民议会，是代表国民的。这个议会是对二月事变的奢望所提出的活的抗议，并且要把革命的结果降低到资产阶级的水平。巴黎无产阶级一下子就看出了这个国民议会的性质，所以他们在国民议会开幕后不几天，即在5月15日①，就企图用强力停止其存在，把它解

---

① 1848年5月15日巴黎人民的革命行动是在进一步推进革命和支持意大利、德国、波兰的革命运动的口号下进行的，参加游行的有15万人，其中主要是以布朗基等为首的巴黎工人。游行者向当天讨论波兰问题的制宪议会走去，闯进了波旁王宫的会议大厅，要求议会兑现诺言，要求对为争取独立而斗争的波兰给予军事援助，要求采取断然措施消除失业和贫困，给工人以面包和工作，成立劳动部；他们企图驱散制宪议会，成立新的临时政府。但5月15日的示威运动被镇压下去了。它的领导人布朗基、巴尔贝斯（他曾提出向富人征收10亿税款）、阿尔伯、拉斯拜尔等都被逮捕。这次革命行动失败后，临时政府采取了一系列废除国家工场的措施，实施了禁止街头集会的法律，封闭了许多民主派俱乐部。1849年3月7日至4月3日，在布尔日对1848年5月15日事件的参加者进行了审判。巴尔贝斯被处以无期徒刑，布朗基被处以10年的单独监禁，德弗洛特、索布里埃、拉斯拜尔、阿尔伯等人各被判处期限不等的徒刑，有的被流放到殖民地。

散，将国民中起反动作用的思潮所借以威胁他们的这个机体重新分解为各个构成部分，但是这个企图没有成功。大家知道，五月十五日事变的结果，不过是使布朗基及其同道者，即无产阶级政党的真正领袖们，在我们所考察的整个周期中退出社会舞台罢了。

继路易-菲力浦的**资产阶级君主制**之后，只能有**资产阶级共和国**，就是说，以前是由资产阶级中的一小部分人在国王的招牌下进行统治，今后将由全体资产阶级借人民的名义进行统治。巴黎无产阶级所提出的要求，是必须终止的狂妄空想。对制宪国民议会的这个声明，巴黎无产阶级以**六月起义**[①]作了回答，这是欧洲各国内战史上最大的一次事变。获得胜利的是资产阶级共和国。站在资产阶级共和国方面的有金融贵族、工业资产阶级、中间等级、小资产者、军队、组成别动队[②]的流氓无产阶级、知识分子、牧师和农村居民。而站在

---

① 指1848年6月23—26日巴黎无产阶级起义。这次起义是无产阶级和资产阶级之间的第一次阶级大搏斗。起义遭到法国资产阶级共和派的镇压。6月25日，镇压起义的布莱阿将军在枫丹白露哨兵站被起义者打死，因此两名起义者被处死刑。起义失败后，保守的帝制派的地位更加巩固。
② 别动队是根据法国临时政府1848年2月25日命令，为对付革命的人民群众而成立的。这支由15至20岁的巴黎流氓无产者组成的队伍被利用来镇压巴黎工人的六月起义。当时任陆军部长的卡芬雅克将军亲自领导了这次镇压工人的行动。后来，波拿巴分子将其解散，他们担心波拿巴与共和党人发生冲突时，别动队会站在后者一边。
马克思在《1848至1850年的法兰克西阶级斗争》一文中对别动队作过具体描述。

巴黎无产阶级方面的却只有它自己。资产阶级共和国胜利以后，起义者被屠杀的有3000多人，未经审判就被放逐的有15000人。无产阶级从这次失败后，就退到革命舞台的**后台**去了。每当运动好像又进入高潮时，无产阶级就企图再向前推进，可是劲头越来越弱，成效也越来越小。每当无产阶级上面的某个社会阶层进入革命动荡时，无产阶级就跟它缔结同盟，从而分享了各个政党依次遭受到的全部失败。但是，这些相继而来的打击，随着力量分摊到全部社会的整个表面，也越来越弱了。无产阶级在议会和报刊方面的一些比较杰出的领袖，相继被捕判罪，代替他们挂帅的是些愈益模棱两可的人物。无产阶级中有一部分人醉心于**教条的实验**，醉心于**成立交换银行和工人团体，换句话说**，醉心于**这样一种运动，即不去利用旧世界自身所具有的一切强大手段来推翻旧世界，却企图躲在社会背后，用私人的办法，在自身的有限的生存条件的范围内实现自身的解放，因此必然是要失败的**。当六月事变中与无产阶级为敌的**一切阶级**还没有在无产阶级身边倒下的时候，无产阶级大概既不能使本身恢复自己原有的革命的伟大，也不能从重新缔结的联盟中获得新的力量。但是，无产阶级至少是带着进行过世界历史性的伟大斗争的光荣而失败的；不仅法国，并且整个欧洲都被六月的地震所惊动，而各个上层阶级后来的失败所付出的代价却如此便宜，以致得胜的党派只有公然无耻地加以夸张，才可以把这些失败说成是事变。同时，失败的政党离开无产阶级政党越远，这些失败就越是可耻。

六月起义者的失败，固然为资产阶级共和国的奠基和建立准备和扫清了基地，但同时它也表明，欧洲的问题并不是争论"共和国还是君主国"的问题，而是别的问题。它揭示出，**资产阶级共和国**在这里是表示一个阶级对其他阶级实行无限制的专制统治。它表明，在那些阶级构成发达、具有现代生产条件、具有那种通过百年来的工作而使一切传统观念都融化于其中的精神意识的旧文明国家里，**共和国一般只是资产阶级社会的政治变革形式**，而不是资产阶级社会**存在的保守形式**，例如，像北美合众国那样；在那里，虽然已有阶级存在，但它们还没有固定下来，它们在不断的运动中不断更新自己的组成部分，并且彼此互换着自己的组成部分；在那里，现代的生产资料不仅不和经常的人口过剩现象同时发生，反而弥补了头脑和人手方面的相对缺乏；最后，在那里，应该占有新世界的物质生产的那种狂热而有活力的运动，没有给予人们时间或机会来结束旧的幽灵世界。

在六月的日子里，一切阶级和党派都团结成一个**维护秩序的党**来反对无产阶级——**无政府主义**、社会主义和共产主义的**党**。它们从"社会之敌"手里"救出了"社会。它们选择了旧社会的格言"**财产、家庭、宗教、秩序**"作为自己的军队的口令,并用"在此标记下你必胜!①"这句话激励反革命十字军征讨。从这时起,许多曾经团结在这个旗号下反对过六月起义者的政党中的任何政党只要企图为自己的阶级利益而守住革命战场,它就要被"财产、家庭、宗教、秩序!"这一口号所战胜。每当社会的统治者集团范围缩小时,每当比较狭小的利益压倒比较广大的利益时,社会就得救了。任何最单纯的资产阶级财政改革的要求、任何最平凡的自由主义的要求、任何最表面的共和主义的要求、任何最浅薄的民主主义的要求,都同时被当作"侵害社会的行为"加以惩罚,被当作"社会主义"加以指责。最后,连那些"宗教和秩序"的最高祭司自己也被踢出他们的皮蒂娅的座椅,半夜里被拖下床,关进囚车,投入监狱或流放;他们的神殿被拆毁,他们的嘴被封住,他们的笔被折断,他们的法律被撕毁,这一切都是为了宗教、财产、家庭和秩序。一群群酩酊大醉的兵士对那些站在自己阳台上的资产者即秩序的狂信者开枪射击,亵渎他们的家庭圣地,炮击他们的房屋以取乐,这一切都是为了财产、家庭、宗教和秩序。最后,资产阶级社会中的败类组成为**维护秩序的神圣队伍**,而主人公克拉普林斯基就以

---

① 相传罗马皇帝君士坦丁大帝在312年征讨马克森提乌斯时,中午时刻看见天上出现一个光芒四射的十字架,旁边有一行字:"在此标记下你必胜!"有人从唯心主义立场出发,认为君士坦丁从迫害基督教到皈依和保护基督教与这个杜撰的传说有关。

"**社会救主**"的资格进入了土伊勒里宫①。

二

现在让我们再接着谈下去。

六月事变以后的**制宪国民议会**的历史，是**资产阶级共和派统治和瓦解的历史**，这个派别是以三色旗的共和党人、纯粹的共和党人、政治的共和党人、形式的共和党人等等称呼闻名的。

这个派别在路易-菲力浦的资产阶级君主制度下是官方的共和主义反对派，因而是当时政界中一个公认的构成部分。议院中有它的代表，在报界它也有相当大的势力。它在巴黎的机关报《国民报》，和《辩论日报》一样，算是受人尊敬的。它的性质和它在立宪君主制度下的这个地位也是相称的。它并不是一个因有某些重大的共同利益而紧密团结、因有特殊生产条件而独树一帜的资产阶级集团。它是由一些抱有共和主义思想的资产者、作家、律师、军官和官吏组成的一个派系，这个派系之所以有影响，是由于全国对路易-菲力浦个人的反感，由于对旧的共和国的怀念，由于一群幻想家的共和主义信仰，而主要是由于**法国人的民族主义**。这种民族主

---

① 巴黎的一座皇宫。

义对于维也纳条约①和对于同英国联盟的憎恶,这个派别是始终予以鼓励的。在路易-菲力浦的统治下,《国民报》的很大一部分拥护者都是因为它鼓吹这种隐蔽的帝制思想而获得的,也正因为如此,后来在共和国时期,这种帝制思想就能以路易·波拿巴为代表,作为一个置人于死地的竞争者来同《国民报》本身对立。《国民报》也和其余一切资产阶级反对派一样,曾经对金融贵族作过斗争。反对预算案的论争在当时的法国是同反对金融贵族的斗争完全相吻合的,这个论争既然保证有可能博得非常便宜的声望,并吸取非常丰富的材料来写清教徒式的社论,因而是不能不大受利用的。工业资产阶级感激《国民报》,是因为它奴颜婢膝地拥护法国的保护关税制度,而它维护这个制度又多半是出于民族的动机,而不是出于国民经济学的动机。整个资产阶级感激它,则是因为它恶毒地诽谤共产主义和社会主义。此外,《国民报》派是**纯粹的共和派**,就是说,它要求把资产阶级统治的形式由君主国改为共和国,首先是要求保证自己能在这个统治中占优势。对于这一变革的条件,它的认识极其模糊。但有一点它看得十分清楚,而且在路易-菲力浦统治末期的改革运动的宴会上,这一点已很明显地表露出来了,这就是它在民主派小资产者中间,特别是在革命无产阶级中间是不受欢迎的。这些

---

① 维也纳条约即1814年9月至1815年6月召开的维也纳会议缔结的条约和协议。

纯粹的共和党人,真是名副其实的纯粹的共和党人,本来已经准备好在开始时满足于奥尔良公爵夫人的摄政①,恰好这时爆发了二月革命,因而他们那些最有名的代表人物都在临时政府里获得了位置。他们当然是一开始就受到资产阶级的信任并在制宪国民议会中占了多数。临时政府中的**社会主义**分子马上被排挤出国民议会开幕后成立的执行委员会②;《国民报》派利用六月起义的爆发解散了**执行委员会**,从而清除了它的最切近的对手,即**小资产阶级的**或**民主主义的共和党人**(赖德律—洛兰等人)。卡芬雅克,这个指挥了六月战斗的资产阶级共和派的将军,获得了一种独裁的权力,代替了执行委员会。《国民报》的前任总编辑马拉斯特,成了制宪国民议会的常任议长;政府各部部长以及其他一切重要职位,都由纯粹的共和党人占据了。

这样,实际情况超过了早就自命为七月王朝的合法继承人的资产阶级共和派的理想。但是,这个派别取得统治权并不像它在路易-菲力浦时期所幻想的那样是通过资产阶级举行

---

① 路易-菲力浦让位给他的年幼的孙子巴黎伯爵。奥尔良公爵夫人打算让法国众议院拥戴她来摄政,立其年幼的儿子为国王。但是,在起义人民的压力下,法国后来成立了临时政府,并宣布成立共和国。
② 执行委员会是法国制宪议会1848年5月10日为了代替辞职的临时政府而建立的法兰西共和国政府。它存在到1848年6月24日卡芬雅克上台为止。执行委员会的成员多半是温和的共和派。赖德律—洛兰是这个委员会中的左翼代表。

反对国王的自由主义叛乱,而是由于无产阶级对资本举行了被霰弹镇压下去的起义。资产阶级共和派认为**最革命**的事件,实际上却是**最反革命**的事件。果实落到了资产阶级共和派的怀里,但它不是从生命树上落下来,而是从知善恶树上落下来的。

资产阶级共和派独占的**统治**,只是从1848年6月24日起存在到12月10日止。这种统治的结果就是**拟定共和主义宪法和宣布巴黎戒严**。

新的宪法实质上不过是1830年宪章①的共和主义化的版本。七月王朝的过高的选举资格限制,甚至把资产阶级的一大部分人也排挤在政治统治之外,这是和资产阶级共和国的存在不相容的。二月革命立刻取消了这种选举资格限制而宣布了直接的普遍的选举权。资产阶级共和派不能把这一事件一笔勾销。他们只得补充了一个限制条款,规定选民必须是在选区居住6个月的。旧有的行政、市政、司法和军队等等组织,仍然原封不动;宪法上作了变更,而这种变更只涉及目录而没有涉及内容,只涉及名称而没有涉及事物。

1848年各种自由的必然总汇,人身、新闻出版、言论、

---

① 法国1830年宪章是七月王朝的根本法。宪章在表面上宣布了国民的自主权并对国王的权力作了某些限制,但是,那些反对工人运动和民主运动的官僚警察机构和苛刻的法律仍然原封未动。

关于"新的宪法",马克思在《1848年11月4日通过的法兰西共和国宪法》一文中作了专门评述。

结社、集会、教育和宗教等自由，都穿上宪法制服而成为不可侵犯的了。这些自由中的每一种都被宣布为法国公民的**绝对**权利，然而总是加上一个附带条件，说明它只有在不受**"他人的同等权利和公共安全"**或"法律"限制时才是无限制的，而这些法律正是要使各种个人自由彼此之间以及同公共安全协调起来。例如："公民有权成立团体，有权和平地、非武装地集会，有权进行请愿并且通过报刊或用其他任何方法发表意见。**对于这些权利的享受，除受他人的同等权利和公共安全限制外，不受其他限制。**"（法国宪法第2章第8条）"教育是自由的。教育的自由应在法律规定的范围内并在国家的最高监督下**享用之**。"（同上，第9条）"每一公民的住所是不可侵犯的，除非按照法定手续办事。"（第1章第3条）如此等等。所以，宪法经常提到未来的构成法；这些构成法应当详细地解释这些附带条件并且调整这些无限制的自由权利的享用，使它们既不致互相抵触，也不致同公共安全相抵触。后来，这种构成法由秩序之友制定出来，所有这些自由都加以调整，结果，资产阶级可以不受其他阶级的同等权利的任何妨碍而享受这些自由。至于资产阶级完全禁止"他人"享受这些自由，或是允许"他人"在某些条件（这些条件都是警察的陷阱）下享受这些自由，那么这都是仅仅为了保证**"公共安全"**，也就是为了保证资产阶级的安全，宪法就是这样写的。所以，后来两方面都有充分权利援引宪法：一方面是废除了所有这些自由的秩序之友，另一方面是要求恢复所有这些自由的民主党人。宪法的每一条本身都包含有自己的对立面，包含有自己的上院和下院：在一般词句中标榜自由，在附带条件中废除自由。所以，当自由这个**名字**还备受尊重，而只是对它的真正实现设下了——当然是根据合法的理由——种种障碍时，不管这种自由在日常的现实中的存在怎样被彻底消灭，它在宪法上的存在仍然是完整无损、不可侵犯的。

然而，用这么巧妙的方法弄成不可侵犯的这个宪法，如同阿基里斯一样，有一个致命的弱点，只是这个弱点不是在脚踵上，而是在头脑上，或者不如说，是在两个头脑（在这里宪法便消失了）上：一个是**立法议会**，另一个是**总统**。只要把宪法浏览一遍，就可以看出：只有那些确定总统对立法议会的关系的条文，才是绝对的、肯定的、没有矛盾的、不容丝毫曲解的。要知道，这里所谈的问题，是要建立资产阶级共和派的可靠地位。按照宪法第45—70条规定，国民议会可以用合乎宪法的办法排除总统，而总统要排除国民议会却只能用违背宪法的办法，即只有取消宪法本身。可见，这里宪法本身是在号召以暴力来消灭自己。宪法不仅像1830年的宪章那样尊崇分权制，而且把这种分权制扩大到矛盾重重的地步。基佐曾经把立法权和行政权在议会内的争吵称为**宪法的权力的赌博**，在1848年的宪法中，这种赌博一直是孤注一掷的。一方面是由普选产生并享有连选连任权的750名人民代表构成一个不受监督、不可解散、不可分割的国民议会,它拥有无限的立法权力,最终决定宣战、媾和及商约等问题,独揽大赦权,因自己不间断地召集会议而经常站在政治舞台最前面。另一方面是具有王权的一切特性的总统,他有权不经国民议会而任免自己的内阁阁员,他掌握行政权的一切手段,他可以分封一切官职,从而在法国操纵着至少有150万人的命运,因为有这么多的人在物质生活上依靠于50万各级官吏和各级军官。他统率一切武装力量。他享有赦免个别罪犯、解散国民自卫军以及——经国务会议同意——罢免由公民自己选出的省委员会、县委员会、市镇委员会的特权。同外国缔结条约时,他具有倡议和领导的作用。国民议会永远留在舞台上,是公众日常批评的对象,而总统却在极乐世界①过着隐居的生活,不过他眼前和心里老是有宪法第45条在提醒他:"兄弟,要准备牺牲!②"你的权力在你当选的第四年,在美丽的5月的第二个星期日就要完结了!那时你的荣华就要完蛋了,这出戏是不会再演的,如果你负有债务,你就及时用宪法规定给你的60万法郎的薪俸一律偿清,不然你就不

---

① 指路易·波拿巴的总统府邸。"极乐世界"的德文是"elysische Gefilde",与波拿巴的总统府邸巴黎的爱丽舍宫"Palais de l'Elysees"谐音。
② "兄弟,要准备牺牲!"(Frére, il faut mourir)是特拉伯天主教修道会修士见面时的问候语。特拉伯修道会成立于1664年,以严格的规章及其成员的禁欲主义生活方式而出名。

免要在美丽的5月的第二个星期一进入克利希！①这样，宪法就把实际权力授给了总统，而力求为国民议会保证精神上的权力。可是，不用说，法律条文不可能创造精神上的权力，宪法就在这方面也是自己否定自己，因为它规定总统由所有的法国人直接投票选举。全法国的选票是分散在750个国民议会议员之间，可是在这里选票就集中在**一个**人身上。每一单个人民代表不过是某个政党、某个城市、某个桥头堡的代表，甚至只是表示必须选出一个人来凑足750个人民代表，人们并不去特别注意事情本身和被选举者本人，可是总统是由全国人民所选出，选举总统是行使主权的人民每四年运用一次的王牌。民选的国民议会和国民只有形而上学的联系，而民选的总统却和国民发生个人联系。国民议会的确通过它的各个代表反映着国民精神的多种多样的方面，而总统却是国民精神的化身。和国民议会不同，总统是一种神权的体现者，他是人民恩赐的统治者。

海洋女神西蒂斯曾经预言阿基里斯要在盛年夭折。像阿基里斯一样有个致命弱点的宪法，也像阿基里斯一样预感到它命该早死。根本用不着西蒂斯离开海洋向制宪的纯粹的共和派泄露这个秘密，这些共和派只要从自己的理想共和国的高空云层间俯瞰一下罪孽的尘世，就可以看到，他们越是接

---

① 1826—1827年巴黎的债务监狱。

近于完成他们那个伟大的立法艺术创作,保皇派、波拿巴派、民主派和共产主义者的傲慢自负以及他们自己的不孚众望,也就与日俱增。他们力图用立宪的狡猾手腕,用宪法第111条来躲过厄运,根据这条规定,任何**修改宪法**的提案都必须经过每次相距一个月的三次讨论,至少必须由3/4的票数通过,而且参加表决的至少必须有500个国民议会议员。可是这只是为了在他们将来成为议会少数派时(他们现在已经预感到这一点)保持自己势力的一种无力的尝试,这种势力现在当他们还在议会中占多数并且握有一切政府权力手段时,就已经一天天地从他们的软弱的手中滑出去了。

最后,在一个特别滑稽的条文中,宪法把自己托付给"全体法国人民和每一个法国人的警惕性和爱国心",而在前面的另一条文中,它已经把有"警惕性"和"爱国心"的法国人托付给它专门发明出来的最高法院("haute cour")所实行的温柔的刑事监护了。

1848年的宪法就是这样。它在1851年12月2日不是被人头撞倒,而只是由于触摸一顶帽子而倾倒,诚然,这顶帽子是三角拿破仑帽。

当资产阶级共和派在国民议会内忙于构思、讨论和表决这个宪法时,卡芬雅克却在国民议会外把**巴黎**控制在**戒严状态**中。巴黎戒严是处于分娩共和国的产前阵痛中的制宪议会的助产婆。如果说后来宪法被刺刀葬送了,那么不要忘记,在它还在母胎中时，刺刀，而且是对准人民的刺刀就保护过它，而且它是在刺刀帮助下出世的。"正直的共和派"的祖先们曾经拿着他们的象征即三色旗走遍了全欧洲。正直的共和派自己也作出了一项发明，这项发明自己给自己开拓了通向整个大陆的道路，但是它又怀着永不熄灭的爱回到法国，直到它终于在法国的半数的省里取得公民权为止。这项发明就是**戒严**。这是一项卓越的发明，每当法国革命进程处于危机关头，它就要被周期地加以运用。但是，既然兵营和露营是这样周期地重重压在法国社会头上，以便压制这个社会的意识并制服这个社会；既然马刀和毛瑟枪周期地受命进行审判和管理，进行监护和检查，执行警察和更夫职务；既然胡子和军服周期地被宣布为社会的最高智慧和指导者，那么兵营和露营、马刀和毛瑟枪、胡子和军服又怎么能不终于得出一个结论说：最好是宣布自己的制度是最高等的制度，并使资产阶级社会根本不必关心自治问题，从而一劳永逸地拯救社会！兵营和露营、马刀和毛瑟枪、胡子和军服必然要产生这种想法，尤其是因为它们在这种场合下可以希望自己所建树的更高的功劳得到更多的现金报酬，而当它们按某一派资产阶级的命令实行周期戒严和暂时拯救社会的时候，它们除了几个人的死伤和资产者的一些假笑之外，是很少获得实际利益的。为什么军方不可以终于搞出一次对它自己有利益有好处的戒严，同时把资产者的交易所也围攻一下呢？而且还不应忘记（我们顺便提一提），**贝尔纳上校**，即在卡芬雅克时期未经审判就把15000名起义者放逐的那位军事委员会主席，现在又是巴黎各军事委员会的领导人了。

如果说正直的、纯粹的共和派宣布巴黎戒严，从而创设了后来1851年12月2日的近卫军①所赖以成长的苗床，那么同时属于他们的还有另一种功绩：在路易-菲力浦时期他们还点燃民族情感，而现在，当他们掌握了全国的力量的时候，他们却向国外列强跪拜，不去解放意大利，反而让奥地利人和那不勒斯人再一次来奴役意大利②。路易·波拿巴在1848年12月10日当选为总统，结束了卡芬雅克的独裁和制宪议会。

————

① 近卫军是古罗马帝王或将相拥有的享有特权的武装力量，经常参与内讧，扶助主子登上王位。马克思在这里是指支持路易·波拿巴政变的法国部队和军官。
② 指1849年5—7月武装干涉罗马共和国一事。1848年秋，在欧洲革命的影响下，意大利境内重新掀起反对奥地利统治和争取统一的民族解放运动。1848年9月16日，罗马爆发人民起义。1849年2月9日在罗马由全民投票产生的制宪议会，废除了教皇的世俗权力并宣布成立共和国。政权集中在以马志尼为首的三执政手中。此后，庇护九世逃到那不勒斯要塞加埃塔，卡芬雅克同意他到法国避难。得到法国政府支持的庇护九世于1848年12月4日号召所有天主教国家共同镇压罗马革命者，那不勒斯和奥地利立即响应。法国政府于1849年4月派出了由乌迪诺将军率领的所谓意大利远征军。当年4月27日法军在意大利要塞港口奇维塔韦基亚登陆，4月30日被朱·加里波第领导的罗马共和国军队击退，双方签订了停火协议，同年6月3日，乌迪诺撕毁协议，再次炮击罗马。法军于1849年7月1日占领罗马城。由于法国、奥地利和那不勒斯的武装干涉，罗马共和国于1849年7月3日被推翻。

宪法第44条说："曾经丧失过法国公民资格的人不能担任法兰西共和国总统。"法兰西共和国的第一任总统路易-拿破仑·波拿巴不只丧失过法国公民资格，不只当过英国特别警察①，而且是一个已经归化了的瑞士人②。

关于12月10日选举的意义，我在另一个地方已经详细谈过③，这里就不再谈了。这里只须指出，12月10日的选举是曾经不得不支付了二月革命的费用的**农民反对**国内其他各个阶级的**表现**，是**农村反对城市的表现**。这次选举得到军队方面的巨大同情，因为军队从《国民报》派的共和党人那里既没有取得荣誉，也没有领到附加军饷；这次选举还受到大资产阶级方面的巨大同情，大资产阶级欢迎波拿巴是把他作为恢复君主制度的一个跳板；选举也受到无产者和小资产者的巨大同情，他们欢迎波拿巴是把他作为对卡芬雅克的一种惩罚。下边我还要更详细地谈谈农民对法国革命的态度。

从1848年12月20日到1849年5月制宪议会解散这个时期，包括了资产阶级共和派灭亡的历史。资产阶级共和派为资产阶级建立了共和国，把革命无产阶级赶下台，一时堵住

---

① 指路易·波拿巴流亡伦敦期间曾自愿充当特别警察。这些特别警察是由平民组成的警察后备队，他们曾帮助正规警察驱散1848年4月10日的宪章派示威队伍。伦敦的特别警察代替小个军士指路易·波拿巴代替拿破仑第一。
② 1832年路易·波拿巴在图尔高州加入瑞士国籍。
③ 见马克思的《1848至1850年法兰西阶级斗争》第三篇"1849年六月十三日事件的后果"。

原著选读

了民主派小资产阶级的嘴，以后自己也就被资产阶级群众所排斥，这批资产阶级群众有权利把共和国据为**自己的私有财产**。可是这批资产阶级群众是**保皇派**，其中一部分，即大土地所有者，曾经在**复辟**时期居于统治地位，因而是**正统派**；另一部分，即金融贵族和大工业家，曾经在七月王朝时期居于统治地位，因而是**奥尔良派**。军队、大学、教会、律师界、学院和报界的显要人物，都分属于上述两派，虽然所占比例各不相同。这两部分资产阶级都把这个既不叫作**波旁**、也不叫作**奥尔良**、而是叫作**资本**的资产阶级共和国，当作他们能够共同进行统治的国家形式。六月起义①已经把他们联合成"秩序党"，现在首先应该把还在国民议会中占有席位的一帮资产阶级共和派排斥出去。这些纯粹的共和派曾经极其残暴地滥用武力对付人民，而现在，当需要捍卫他们自己的共和主义和自己的立法权以对抗行政权和保皇党人时，他们却极其怯懦地、畏缩地、沮丧地、软弱无力地放弃了斗争。我用不着在这里叙述他们解体的可耻历史。他们不是灭亡了，而是无形消失了。他们已经最终演完了自己的角色。在往后的时期中，不论在议会内或议会外，他们都仅仅表现为对过去

---

① 指1848年6月23—26日巴黎无产阶级起义。这次起义是无产阶级和资产阶级之间的第一次阶级大搏斗。起义遭到法国资产阶级共和派的镇压。6月25日，镇压起义的布莱阿将军在枫丹白露哨兵站被起义者打死，因此两名起义者被处死刑。起义失败后，保守的帝制派的地位更加巩固。

的回忆,只要涉及到共和国的名称,只要革命冲突有下降到最低水平的危险,这些回忆便又复活起来。顺便指出,把自己的名称交给这个派别的《国民报》,在后来一个时期就转到社会主义方面去了。①

在结束这一时期之前,我们还应该回顾一下两种力量,这两种力量从1848年12月20日起到制宪议会结束时止是并居在一起的,而在1851年12月2日那天,其中的一种力量消灭了另一种力量。我们所指的一方是路易·波拿巴,另一方是联合的保皇党,即秩序党,大资产阶级的党。波拿巴就任总统后立即组织了以奥迪隆·巴罗为首(请注意,是以议会资产阶级的最自由主义的一派的老领袖为首)的秩序党内阁。巴罗先生终于获得了1830年以来他朝思暮想的内阁职位,并且是内阁总理的职位。然而这个位置并不是像他在路易-菲力浦时期所幻想的那样以议会反对派的最先进领袖的身份得到的,而是以他的一切死敌即耶稣会和正统派的同盟者的身份得到的,而且他的任务是把议会送进坟墓。他终于把新娘迎

---

① 在1852年版中这一段之后还有如下一段话:"这样,法兰西共和国创立或奠定时期可分为三个阶段:1845年5月4日—6月24日,在二月事变中联合起来的所有阶级和附属阶级在资产阶级共和派的领导下反对无产阶级,无产阶级一败涂地;1848年6月25日—1848年12月10日,资产阶级共和派当政,制定宪法,巴黎戒严,卡芬雅克专政;1848年12月20日—1849年5月底,波拿巴和秩序党反对共和派制宪议会,共和派制宪议会失败,资产阶级共和派覆灭。"

来举行婚礼,然而只是在新娘失身以后才迎来的。波拿巴本人好像是完全退隐了,代他行动的是秩序党。

在内阁第一次会议上就决定派出远征军去罗马,并且商定要瞒着国民议会来安排这件事,而经费却要假造口实向国民议会索取。这样,内阁就开始以欺骗国民议会和暗中勾结外国专制势力的办法来对付革命的罗马共和国了。波拿巴也用同样的方法和同样的手段准备了反对保皇党立法议会及其立宪共和国的十二月二日政变。不要忘记,在1848年12月20日组成波拿巴内阁的那个政党,又是1851年12月2日的立法国民议会中的多数。

8月间制宪议会曾经决定,在制定并公布一套补充宪法的构成法以前,它不解散。1849年1月6日,秩序党通过议员拉托建议议会不要去搞什么构成法,最好是通过一项关于**解散自己**的决议。这时,不仅是以奥迪隆·巴罗先生为首的内阁,而且国民议会中的全体保皇党议员,都以命令口吻对国民议会说:为了恢复信用,为了巩固秩序,为了终止不确定的暂时状态而建立完全确定的状态,必须解散国民议会;议会妨碍新政府进行有效的工作,它只是由于执迷不悟才企图延长自己的生命;它已经使全国感到厌恶了。波拿巴把这一切攻击立法权的说法都记在心里,背得烂熟,并在1851年12月2日向议会保皇派证明,他确实从他们那里学得了一些东西。他把他们自己的口号拿来反对他们。

巴罗内阁和秩序党往前更进了一步。他们在全法国掀起了**向国民议会请愿的运动**，客客气气地请求国民议会隐退。这样，他们就把无组织的人民群众引入反对国民议会、反对依照宪法组织起来的民意表现的斗争。他们教会波拿巴从诉诸议会转而诉诸人民。1849年1月29日那天，制宪议会终于不得不解决关于自行解散的问题了。这一天，军队占据了国民议会举行会议的场所；总揽国民自卫军和正规军指挥大权的秩序党将军尚加尔涅，就像是处于临战状态那样在巴黎举行了大规模的阅兵，而联合起来的保皇党人威胁制宪议会说，如果它不表示顺从，就将使用暴力。国民议会果然表示愿意顺从，但商定再苟延一个短短的时期。1月29日不就是1851年12月2日的政变吗？不过这次是由保皇党人协同波拿巴反对共和派国民议会罢了。保皇党老爷们没有看到或是不愿意看到，波拿巴利用1849年1月29日事变，为的是让一部分军队在土伊勒里宫前受他检阅；他贪婪地抓住这个公然诉诸武力来反对议会权力的初次尝试，为的是提醒大家想起卡利古拉[①]。他们当然只看见了他们的尚加尔涅。

特别推动秩序党使用暴力去缩短制宪议会生命的一个原因，就是那些补充宪法的**构成**法——教育法、宗教法等等。联合的保皇党人认为极其重要的，是他们自己制定这些法律，

[①] 卡利古拉是罗马皇帝（37—41年在位）。他执政后立即同元老院一起参加他的御用军的阅兵式并发表演讲。

而不是让那些疑虑重重的共和党人去制定。可是，在这些构成法中，还有一个关于共和国总统的责任的法律。1851年立法议会正从事于制定这个法律，波拿巴就以12月2日的打击防止了这一打击。联合的保皇党人在1851年冬季议会战役时期，是多么希望有一个现成的总统责任法，并且是由疑虑重重的、敌对的共和派议会制成的总统责任法啊！

在制宪议会于1849年1月29日自己毁坏了自己的最后的武器以后，巴罗内阁和秩序之友便将它置于死地。他们不放过任何机会来贬低它，强迫这个软弱无力的和对自己绝望的议会通过一些使它失去最后一点社会尊敬的法律。波拿巴沉溺于自己的固定的拿破仑观念①，竟肆无忌惮地公开利用对议会势力的这种贬低。例如，当国民议会1849年5月8日因乌迪诺将军占领奇维塔韦基亚而通过谴责内阁议案，并命令罗马远征军回到它所谓的目标时，当天晚上波拿巴就在《通报》上发表了致乌迪诺的一封信，祝贺这位将军建树了英雄的功绩，并且和那些卖弄笔墨的议员相反，假装成宽大为怀的军队的庇护者。保皇党人对此加以讥笑。他们认为他不过是个笨蛋。最后，当制宪议会议长马拉斯特偶尔怀疑到国民议会的安全，根据宪法责令一个上校率领所部开来保护国民议会时，那个上校却以军纪为借口拒绝调动，并建议马拉斯特去

---

① 暗指路易·波拿巴在英国写的《拿破仑观念》一书。

跟尚加尔涅交涉，但尚加尔涅也拒绝了马拉斯特的要求，并且刻毒地说，他不喜欢能思想的刺刀。1851年11月，联合的保皇党人在准备同波拿巴开始作决定性的斗争时，曾经企图在他们的声名狼藉的**议会总务官法案**①中规定国民议会议长能直接调动军队的原则。他们的一位将军勒夫洛签署了这个法案。但是，尚加尔涅白白地投票赞成了这一法案，梯也尔也白白地赞扬了已故制宪议会的有远见的智慧。**陆军部长圣阿尔诺**像尚加尔涅回答马拉斯特一样回答了他，而且博得了山岳党的鼓掌！

当**秩序党**还只是内阁而不是国民议会的时候，它就这样玷污了**议会制度**。而当1851年十二月二日政变把议会制度逐出法国的时候，它就叫喊起来了！

我们祝议会制度一路平安！

三

立法国民议会于1849年5月28日开会，到1851年12月

---

① 议会总务官原是古罗马元老院中的下级官员——财务官和档案官。这里是指在法国国民议会中负责经济、财务和安全保卫事务的官员委员会。

1851年11月6日，保皇党人议会总务官勒夫洛、巴兹和帕纳提出一项议案，要求把调动军队的权利授予议会。阿·梯也尔支持这项提案，波拿巴分子圣阿尔诺表示反对。经过激烈的辩论，这项议案于11月17日被否决。在表决中山岳派支持波拿巴派，因为他们认为保皇党人是主要危险。

2日被解散。这一时期是**立宪共和国或议会制共和国**的存在时期。①

在第一次法国革命中，**立宪派**统治以后是**吉伦特派**的统治；**吉伦特派**统治以后是**雅各宾派**的统治。这些党派中的每一个党派，都是以更先进的党派为依靠。每当某一个党派把革命推进得很远，以致它既不能跟上，更不能领导的时候，这个党派就要被站在它后面的更勇敢的同盟者推开并且送上断头台。革命就这样沿着上升的路线行进。

1848年革命的情形却相反。当时无产阶级的政党是小资产阶级民主派的附属物。后者背叛了它，并使它在4月16日、5月15日和6月的日子里遭受了失败。民主派又全靠资产阶级共和派双肩的支持。资产阶级共和派刚刚感到自己站稳脚跟，就把这个麻烦的伙伴抛弃，自己又去依靠秩序党双肩的支持。但秩序党耸了耸肩膀，抛开资产阶级共和派，自己赶忙站到武装力量的双肩上去；它还一直以为它是坐在武装力量的肩膀上，却忽然有一天发现肩膀已经变成了刺刀。每个

———
① 在1852年版中这一段是这样写的："立法国民议会于1849年5月28日开会，到1851年12月2日被解散。这一时期是立宪共和国或议会制共和国的存在时期。这一时期可分为三个主要阶段：1849年5月28日—1849年6月13日，民主派和资产阶级的斗争，小资产阶级或民主主义政党的失败；1849年6月13日—1850年5月31日，资产阶级，即联合的奥尔良派和正统派或秩序党的议会专政，这个专政是在废除普选权之后实行的；1850年5月31日—1851年12月2日，资产阶级和波拿巴的斗争，推翻资产者的统治，立宪共和国或议会制共和国的覆灭。"

党派都向后踢那挤着它向前的党派,并向前伏在挤着它后退的党派身上。无怪乎它们在这种可笑的姿势中失去平衡,并且装出一副无可奈何的鬼脸,奇怪地跳几下,就倒下去了。革命就这样沿着下降的路线行进。二月革命的最后街垒还没有拆除,第一个革命政权还没有建立,革命就已经这样开起倒车来了。

我们所谈的这个时期,各种尖锐的矛盾极其错综复杂:立宪派公然图谋反对宪法,革命派公开承认自己拥护立宪;国民议会想左右一切,却总是按议会方式进行活动;山岳党以忍耐为天职,并以预言未来的胜利来补偿现在的失败;保皇派扮演着共和国的元老院议员的角色,为环境所迫,不得不在国外支持他们所依附的互相敌对的王朝,而在法国内部却支持他们所憎恨的共和国;行政权把自己的软弱当作自己的力量,把自己招来的轻蔑看作自己的威信;共和国不过是两个王朝——复辟王朝和七月王朝——的卑鄙方面在帝国的招牌下的结合;联盟的首要条件是分离;斗争的首要准则是不分胜负;放肆的无谓的煽动,是为了安宁;最隆重地宣扬安宁,是为了革命;有热情而无真理;有真理而无热情;有英雄而无功绩;有历史而无事变;发展的唯一动力仿佛是日历,它由于同一的紧张和松弛状态的不断反复而使人倦怠;对立形势周期地达到高度尖锐化,好像只是为了钝化和缓和,但始终不能得到解决;一方面是装腔作势的努力和害怕世界灭亡的市侩恐怖心理，另一方面却是救世主们玩弄极其卑微的倾轧手段和演出宫廷闹剧，他们这种无忧无虑的做法使人想起的不是末日的审判，而是弗伦特运动①时期的情景；法国的全部官方天才，由于一个人的狡猾的愚钝而破灭；国民的共同意志每次经过普选权来表现时，都试图在群众利益的顽固的敌人身上得到适当的表现，一直到最后它在一个海盗的固执的意志上得到了表现。如果历史上曾经有一页是被涂抹得一片灰暗的话，那就正是这一页。人物和事变仿佛是些颠倒的施莱米尔——没有肉体的影子。革命自己麻痹自己的体现者，而把热情的强力完全赋予自己的敌人。如果说，反革

---

① 弗伦特运动是指1648—1653年法国反专制制度的运动。弗伦特（Fronde）原意是一种投石器，曾为当局所禁，违令者应受惩罚；这个词的转义为破坏秩序、反对当局。因此，弗伦特运动又译投石党运动。

这个运动分为两个阶段。第一阶段称为"高等法院弗伦特"（1648—1649年）。路易十四未成年期间，摄政太后安娜（1643—1653年）及首相马扎里尼的专横引起国内广大阶层的不满。1648年5月，巴黎高等法院要求监督政府财政，取消各省巡按使，遭到拒绝，8月，巴黎市民起义支持高等法院，曾迫使王室逃出首都，1649年3月起义被政府军镇压，高等法院被迫与王室妥协。第二阶段称为"亲王弗伦特"（1650—1653年）。1650年1月后，以孔代亲王为首的贵族资产阶级在外国军队支持下，利用城乡人民运动，与专制政府抗衡，1653年被政府军击败。弗伦特运动的失败为路易十四当政后的专制独裁铺平了道路。

命派不停地召唤来的"赤色幽灵"①终于出现，那么它出现时就不是戴着无政府主义的弗利基亚帽②，而是穿着秩序的制服、**红色的军裤**。

我们已经看到，波拿巴在1848年12月20日他自己的升天节这一天所组成的内阁，是秩序党的内阁，即正统派和奥尔良派的联合内阁。这个或多或少用强力缩短了共和派制宪议会寿命的巴罗—法卢内阁，直到制宪议会死后还在执掌政权。联合保皇党人的将军尚加尔涅继续执掌着正规军第一师和巴黎国民自卫军的最高统帅权。最后，普选保证秩序党在国民议会中取得极大多数的席位。在国民议会中，路易-菲力浦的众议院议员和贵族院议员，已同一群神圣的正统主义者汇合起来了，对于这些正统主义者说来，国民的大量的选票变成了政治舞台的入场券。波拿巴派的议员人数太少，不足以构成一个独立的议会党。他们只不过是秩序党的一个可怜的附属物。这样，秩序党就掌握了政府权力、军队和立法机关，一句话，掌握了全部国家政权；而且这个党在精神上是靠着把

---

① 策划1851年12月2日政变的波拿巴统治集团和反革命报刊在1852年5月总统选举之前用无政府状态、革命阴谋、新的农民起义和侵犯私有财产来恐吓善良的遵纪守法的法国公众。前警察局长罗米厄所写的一本小册子《1852年的赤色幽灵》在这个宣传运动中起了特殊的作用。
② 弗利基亚帽，或红色尖顶帽，是古代弗利基亚（小亚细亚）人的头饰。后来在18世纪法国资产阶级革命时期成为雅各宾党人的帽子样式，从此它就成了自由的象征。

它的统治炫示为民意表现的普选、靠着反革命势力在整个欧洲大陆上同时获得的胜利而加强起来的。

从来还没有一个党派拥有这样强有力的手段和在这样良好的征兆下开始斗争。

罹难的**纯粹的共和派**在立法国民议会中只剩下一个以非洲的将军卡芬雅克、拉莫里西埃和贝多为首的、大约50人组成的集团。大的反对党是山岳党①——这是**社会民主派**给自己取的议会名称。在国民议会750个席位中，它占有200多个，所以它至少是和秩序党三个派别中任何一个派别同等强大。它和整个保皇派联盟相比之下所占的相对少数地位，好像是由于特殊情况而趋于平衡了。不仅各省的选举表明山岳党在农村居民中获得很多拥护者，而且差不多全体巴黎议员都是属于山岳党的；军队以选出三个下级军官来表明它的民主主义信念，而山岳党的首领赖德律—洛兰与秩序党的一切代表

---

① 1793—1795年的山岳党，指法国资产阶级革命时期代表中小资产阶级利益的革命民主派，因在国民公会开会时坐在大厅左侧的最高处而得名。代表人物有罗伯斯比尔、马拉、丹东等。成员大都参加了雅各宾俱乐部。1792年10月，代表工商业资产阶级利益的吉伦特派退出雅各宾俱乐部后，山岳派实际上成为雅各宾派的同义语。

1848—1851年的山岳党，指法国制宪议会和立法议会中集合在《改革报》周围的小资产阶级民主主义者和社会主义者。其领袖人物为赖德律—洛兰、皮阿等人。以路·勃朗为首的小资产阶级社会主义者也参加了这一党。他们自称是1793—1795法国国民公会中的山岳党思想的继承人。1849年2月后该党又称新山岳党。

不同，是由于五个省的选票集中到他身上而升为议会贵族。这样，在1849年5月28日，山岳党在保皇党内部以及在整个秩序党和波拿巴之间必然发生冲突的情况下看来有获胜的一切条件。可是，两星期以后，它竟失掉了一切，包括声誉在内。

在我们继续叙述议会的历史以前，为了避免在估计我们所考察的这个时代的总的性质时通常易犯的错误，需要作几点说明。在民主派看来，无论在制宪国民议会时期或在立法国民议会时期，问题都不过是在于共和党人和保皇党人之间的斗争。他们把运动本身概括为**一个词儿**："**反动**"——黑夜，这时所有的猫都是灰的，而他们也可以滔滔不绝地倾泻出他们的更夫的老生常谈。当然，初看起来，秩序党好像是各种保皇派集团的结合体，这些集团不仅互相倾轧，以便把自己的王位追求者捧上王位，把对方的王位追求者排挤掉，而且它们一致对"共和国"表示仇恨，一致对"共和国"进行斗争。和这些保皇派的阴谋家相反，山岳党好像是"共和国"的代表。秩序党似乎是永远忙于"反动"，而这种"反动"完全像在普鲁士一样，反对新闻出版、结社等等，并且还像在普鲁士一样，是以官僚、宪兵和法庭进行粗暴的警察干涉的方式实现的。"山岳党"同样毫不停息地忙于抵抗这种攻击，以此来保护"永恒的人权"，就像近150年以来每个所谓的人民党派所多多少少做过的那样。可是，只要更仔细地分析一下情况和各个党派，这种遮蔽着**阶级斗争**和这个时期特有面貌的假象就消失了。

我们已经说过，正统派和奥尔良派是秩序党中的两个大集团。什么东西使这两个集团依附于它们的王位追求者并使它们互相分离呢？难道只是百合花①和三色旗，波旁王室和奥尔良王室，各种色彩的保皇主义？难道真是它们的保皇主义信仰？在波旁王朝时期进行统治的是**大地产**连同它的僧侣和仆从；在奥尔良王朝时期进行统治的是金融贵族、大工业、大商业，即**资本**和它的随从者——律师、教授和健谈家。正统王朝不过是地主世袭权力的政治表现，而七月王朝则不过是资产阶级暴发户篡夺权力的政治表现。所以，这两个集团彼此分离决不是由于什么所谓的原则，而是由于各自的物质生存条件，由于两种不同的占有形式；它们彼此分离是由于城市和农村之间的旧有的对立，由于资本和地产之间的竞争。当然，把它们同某个王朝联结起来的同时还有旧日的回忆、个人的仇怨、忧虑和希望、偏见和幻想、同情和反感、信念、信条和原则，这有谁会否认呢？在不同的占有形式上，在社会生存条件上，耸立着由各种不同的、表现独特的情感、幻想、思想方式和人生观构成的整个上层建筑。整个阶级在它的物质条件和相应的社会关系的基础上创造和构成这一切。

---

① 波旁王朝的徽号。

通过传统和教育承受了这些情感和观点的个人，会以为这些情感和观点就是他的行为的真实动机和出发点。如果奥尔良派和正统派这两个集团中每一个集团，都硬要自己和别人相信它们彼此分离是由于它们对两个不同王朝的忠诚，那么后来的事实所证明的却刚刚相反，正是它们利益的对立才使得这两个王朝不能结合为一。正如在日常生活中应当把一个人对自己的想法和品评同他的实际人品和实际行动区别开来一样，在历史的战斗中更应该把各个党派的言词和幻想同它们的本来面目和实际利益区别开来，把它们对自己的看法同它们的真实本质区别开来。奥尔良派和正统派同处于共和国中并提出同样的要求。如果一方不管另一方力求**复辟**它**自家的王朝**，那么这只是表明，**资产阶级**分裂成的**两大集团**（地产和资本），都力图恢复自己的统治地位，而使对方处于从属地位。我们谈论资产阶级的两大集团，是因为大地产虽然还摆着封建主义的资格，抱着高贵门第的高傲态度，但是在现代社会发展的影响下已经完全资产阶级化了。例如，英国的托利党人曾长期认为，他们是热衷于王权、教会和旧日英国制度的美好之处，直到危急的关头才被迫承认，他们仅仅是热衷于地租。

原著
选读

联合的保皇党人在报刊上，在埃姆斯①，在克莱尔蒙特②，在议会之外，总是互相倾轧。在幕后，他们又穿起他们旧时的奥尔良派的和正统派的制服，进行他们的旧时的比武。但是在公开的舞台上，在大型政治历史剧演出时，在扮演一个议会大党的角色时，他们对自己的可敬的王朝只是敬而远之，无止境地推迟君主制的复辟。他们在从事自己的真正事业时是以**秩序党**的姿态出现，即凭着**社会的**资格，而不是凭着**政治的**资格；是作为资产阶级世界秩序的代表者，而不是作为出游公主的护卫骑士；是作为和其他阶级对立的资产阶级，而不是作为和共和党人相对立的保皇党人。作为秩序党，他们也比先前任何时候，比复辟时期或七月王朝时期，享有更加无限和更加稳固地统治其他社会阶级的权力。这样的权力只有在议会制共和国的形式下才可能存在，因为只有在这种国家形式下，法国资产阶级的两大集团才能互相结合起来，从而把自己的阶级的统治提到日程上来，以代替这一阶级中的一个特权集团的统治。如果尽管如此他们还是以秩序党身份痛骂共和制，并不掩盖他们对共和制的憎恶，那么这就不仅是由于保皇主义的回忆了。本能告诉他们，共和制虽然完

---
① 埃姆斯是德国威斯巴登附近的一个疗养地。法国王位追求者、自封为亨利五世的德·尚博尔伯爵经常住在此地。这里指的是1849年8月当地举行的一次正统派代表大会，尚博尔也出席了这次会议。
② 克莱尔蒙特是伦敦附近的一个城堡。二月革命后路易-菲力浦从法国出逃后曾住在该地。这里指的是奥尔良派同路易-菲力浦在那里进行的谈判。

成了他们的政治统治，同时却破坏着这一统治的社会基础，因为他们现在必须面对各个被奴役的阶级并且直接和它们斗争，没有人调解，没有王冠作掩护，也不能用相互之间以及和王权之间的次要斗争来转移全国的视线了。由于感觉到自己软弱无力，他们才不得不在他们阶级统治的完备的条件面前退缩下来，力图返回到那些不大完备、不大发达、因而危险也较少的阶级统治的形式上去。相反地，每当联合的保皇党人和敌视他们的王位追求者即波拿巴发生冲突时，每当他们担心行政权危害他们的议会的万能权力时，每当他们因此必须亮出自己统治的政治资格时，他们就不是以**保皇党人**的身份出面，而是以**共和党人**的身份出面，从奥尔良派的梯也尔起直到正统派的贝里耶止都是如此：前者曾向国民议会担保说，关于共和国的问题，他们的意见最少分歧；后者缠着三色绶带，以护民官的姿态，在1851年12月2日代表共和国向集合在第十区市政厅前面的人民群众发表演说。的确，有一阵讥笑的回声响应着他：亨利五世！亨利五世！

　　与联合的资产阶级相对抗的，是小资产者和工人的联合，即所谓**社会民主派**。1848年六月事变以后，小资产者发觉自己受到了亏待，它的物质利益受到威胁，而那些应当保证它有可能捍卫这种利益的民主保障，也受到了反革命的危害。因此，它就和工人接近起来。另一方面，它在议会中的代表，即在资产阶级共和派专政时期被排挤到后台去的**山岳党**，在制宪议会存在的后半期中，因为同波拿巴及保皇派阁员们进行了斗争，又重新获得了已失去的声望。山岳党和社会主义的领袖们结成了同盟。1849年2月举行了和解宴会，制定了共同纲领，设立了共同的选举委员会，提出了共同的候选人。无产阶级的社会要求已被磨掉革命的锋芒，从而发生了民主主义的转折，小资产阶级的民主主义要求则丢掉了纯政治的形式而显露出社会主义的锋芒。这样就产生了**社会民主派**。由这种联合产生出来的新**山岳党**所包含的成员，除了几个工人阶级出身的配角和几个社会主义的宗派分子，还是和旧山岳党所包含的成员一样，不过是人数多点罢了。但是，逐渐地它就随着它所代表的那个阶级一同变化了。社会民主派的特殊性质表现在，它要求把民主共和制度作为手段并不是为了消灭两极——资本和雇佣劳动，而是为了缓和资本和雇佣劳动之间的对抗并使之变得协调起来。无论它提出什么办法来达到这个目标，无论目标本身涂上的革命颜色是淡是浓，其内容始终是一样的：以民主主义的方法来改造社会，但是这种改造始终不超出小资产阶级的范围。然而也不应该狭隘地认为，似乎小资产阶级原则上只是力求实现其自私的阶级利益。相反，它相信，保证它自身获得解放的那些**特殊**条件，同时也就是唯一能使现代社会得到挽救并使阶级斗争消除的**一般**条件。同样，也不应该认为，所有的民主派代表人物都是小店主或崇拜小店主的人。按照他们所受的教育和个人的地位来说，他们可能和小店主相隔天壤。使他们成为小资产者代表人物的是下面这样一种情况：他们的思想不能越出小资产者的生活所越不出的界限，因此他们在理论上得出的任务和解决办法，也就是小资产者的物质利益和社会地位在实际生活上引导他们得出的任务和解决办法。一般说来，一个阶级的**政治代表**和**著作代表**同他们所代表的阶级之间的关系，都是这样。

从以上的分析可以明显地看出，当山岳党为了共和国和所谓的人权不断同秩序党作斗争时，共和国或人权并不是它的最终目的，正像一支将被缴械的军队进行反抗和投入战斗并不只是为了保留自己的武器一样。

国民议会刚一开幕，秩序党就向山岳党挑战。资产阶级这时已感到必须制服民主派小资产者，正如他们在一年以前感到必须整垮革命无产阶级一样。不过这次敌方的情况已是另一个样子了。无产阶级党的力量是在街上，小资产者的力量却在国民议会中。因此必须趁时间和形势还没有把这种力量巩固起来的时候，就把它从国民议会引诱到街上，使它自己摧毁它在议会中的力量。山岳党便纵马飞奔到陷阱中去了。

把山岳党引入陷阱的诱饵是法军炮轰罗马。这次炮轰违反了宪法第Ⅴ条，因为该条禁止法兰西共和国使用自己的兵力侵犯他国人民的自由。此外，宪法第54条还禁止行政权不经国民议会同意宣布战争，而制宪议会在5月8日的决议中曾指责远征罗马的举动。赖德律—洛兰以此为根据在1849年6月11日对波拿巴和他的部长们提出弹劾案。赖德律—洛兰被梯也尔的刻毒的讥刺激怒，威胁说将用一切手段，甚至将使用武力来保卫宪法。山岳党全体**一致**起立，重申这个使用武力的号召。6月12日，国民议会否决了弹劾案，于是山岳党就退出了议会。六月十三日事变①大家都知道：一部分山岳党人发表宣言，宣布波拿巴和他的部长们"不受宪法保护"；民主派的国民自卫军徒手举行示威游行，遇到尚加尔涅的军队就逃散了，如此等等。一部分山岳党人逃到国外，另一部分被交付布尔日最高法院审讯，余下的山岳党人按照议会规则②受到国民议会议长的琐碎的监管。巴黎重又宣布戒严，巴黎国民自卫军中的民主派部分被解散了。山岳党在议会中的影响和小资产阶级在巴黎的力量就这样被消灭了。

――――――
① 1849年6月13日山岳党在巴黎组织和平示威，抗议法国派兵镇压罗马共和国的违宪行为。示威被警察和军队驱散。

1849年8月10日，国民议会通过一项法令，将"6月13日暴乱的主谋和从犯"送交"布尔日最高法院"审讯。34名山岳派议员(其中包括亚·赖德律—洛兰、弗·皮阿和维·孔西得朗)被提交法庭审判。

6月13日，民主派和社会主义派报纸编辑部遭到搜查，其中许多报纸被查封。

② 这项议会规则是由国民议会多数派制订的，它限制议员发言自由并赋予议长开除议员和扣除议员津贴的权利。1849年6月13日起义后的第十天，提出了这项规则的草案，经过多日的讨论，于1849年7月6日通过(见1849年6月25日巴黎《总汇通报》第176号第2174—2178页)。当时国民议会议长是安·杜班。

里昂——在那里六月十三日事变成了工人流血起义的信号①——也和邻近的5个省同时宣布了戒严。戒严状态一直继续到现在。

山岳党大多数背弃了自己的先锋队，拒绝在它的宣言上签名。报刊也临阵脱逃了，只有两家报纸②敢于登载这个宣言。小资产者背叛了自己的代表，国民自卫军没有露面，即使在某处露了面，也只是阻挠构筑街垒。代表们欺骗了小资产者，军队中的所谓同盟者根本没有露过面。最后，民主派不但没有从无产阶级中去汲取力量，反而把自己的懦弱传染给无产阶级，并且正如民主党人一切伟大行动中常有的情形那样，领袖们为了安慰自己，可以责备他们的"人民"背叛了他们，人民为了安慰自己，可以责备他们的领袖欺骗了他们。

很少看到什么事情比山岳党当前的进军喧嚷得更厉害；很少看到谈论什么事情像现在吹嘘民主派必然胜利这样自信、这样迫不及待。显然，民主党人是相信使耶利哥城墙应声倒

---

① 在巴黎1849年6月13日起义的影响下，里昂工人于6月15日举行了一次武装起义。这次起义经过8小时的战斗，最后被贝·马尼昂将军指挥的军队镇压下去。
② 《改革报》和《和平民主日报》。

塌的号角声①的力量的。每当他们站在专制制度的城墙面前时，他们就力图重复这个奇迹。如果山岳党真想在议会中获得胜利，它就不应该号召使用武力。如果它在议会中号召使用武力，它就不应该在街头上采取议会式的行动。如果它认真考虑过和平示威，那么它没有预先看到示威将受到武力的干涉，就很愚蠢了。如果它想过实际的战斗，那么放下战斗所必需的武器，就是件怪事了。可是问题在于，小资产者和他们的民主派代表人物提出革命威胁，不过是企图吓唬一下敌人罢了。当他们错误地走入死胡同时，当他们丢尽了面子，以致不得不把他们的威胁付诸实行时，他们就采取模棱两可的态度，尽力避免采取可能达到目的的手段，而急于寻找失败的口实。一旦必须实地战斗时，宣战的震耳欲聋的前奏曲就变成怯懦的唠叨；演员不再认真表演了，戏也就停止了，像吹胀了的气球一样，针一刺就破了。

没有一个党派像民主党这样夸大自己的力量，也没有一个党派像民主党这样轻率地错误估计局势。当一部分军队投票赞成山岳党的时候，山岳党就认为，军队会举行起义来拥护它。而根据是什么呢？就是根据这样一个理由，这个理由在军队看来只有一个意思，即革命家站在罗马士兵方面反对

---

① 使耶利哥城墙应声倒塌的号角声出典于圣经传说：公元前2000年的下半年，占领巴勒斯坦的以色列人吹响用羊角制成的号角，使久攻不破的耶利哥城墙随之塌陷（见《旧约全书·约书亚记》第6章第2—5、12—20节）。

法国士兵。另一方面,人们对1848年的六月事变还记忆犹新,以致无产阶级对国民自卫军深恶痛绝,秘密团体的领袖们对民主派的领袖们表示很不信任。要消除这些矛盾,必须有受到威胁的重大的共同利益出现。宪法某一抽象条文遭破坏,并不能激起这种利益。如民主党人自己所说,难道宪法不是已经被人破坏了许多次吗?难道最大众化的报纸不是已经责骂宪法是反革命的拙劣作品吗?但是,民主党人代表小资产阶级,即体现两个阶级的利益互相削弱的那个**过渡阶级**,所以他们认为自己完全是站在阶级对抗之上。民主党人认为,和他们对立的是一个特权阶级,但他们和全国所有其他阶层一起构成了**人民**。他们所维护的是**人民的权利**;他们所关心的是**人民的利益**。因此,他们没有必要在临近斗争时考察各个不同阶级的利益和状况。他们不必过分仔细地估量他们自己的力量。他们只要发出一个信号,人民就会用他的无穷无尽的力量冲向**压迫者**。可是,如果事实表明民主党人的利益并不使人关心,他们的力量是软弱无力的,那么这就应该归罪于危险的诡辩家,他们把**统一的人民**分成了各个敌对的阵营,或者是由于军队太野蛮,太没有理智,不能把民主党人的纯正目的当作自己的至宝,再不然就是由于执行中的某种细节使全局都遭失败,最后,或者是由于某种意外的偶然事件,事情没有成功。不管怎样,民主党人逃出最可耻的失败时总是洁白无瑕的,正像他们进入这种失败时是纯洁无辜的一样；他们摆脱失败时信心更加坚定了，他们以为他们一定会胜利，以为不是他们自己和他们的党应该放弃旧的观点，相反地，是形势应该来适应他们的旧观点。

因此，不应当以为人数大大削减、备受挫折并被新的议会规则所侮辱的山岳党是太不幸运了。虽然六月十三日事变排挤了它的领袖，但是这一天又给第二流的能者腾出了位置，这个新地位使得他们得意忘形。虽然他们在议会中软弱无力的情况已经无可怀疑，但是他们现在已经有权把他们的行动局限于道义上的愤怒和虚张声势的言论了。虽然秩序党把他们这些最后正式代表革命的人物看作无政府状态一切可怕现象的体现者，但是他们在实际上已经能够表现得更平庸、更温和了。关于6月13日的失败，他们意味深长地安慰自己说，只要谁敢动一动普选权，只要敢动一下，我们就让他知道我们的厉害！走着瞧吧！

至于那些逃到国外的山岳党人，那么这里只须指出：赖德律—洛兰在不到两星期的时间内就把他所领导的强大的党无可挽回地断送了，在这以后，他竟觉得自己负有使命组织一个有名无实的法国政府；他这个远离行动舞台的人物，似乎将随着革命水平的下降，随着官方法国的官方大人物变得愈益矮小而愈益高大起来；在1852年，他能以共和派竞选人的资格出面；他不断向瓦拉几亚人和其他民族发出通告，威胁说要以他自己和他的同盟者的壮举来对付大陆上的专制暴君。蒲鲁东曾向这班老爷们说过："你们就是会吹牛皮！"他这样说难道没有一点道理吗？

6月13日，秩序党不仅击溃了山岳党的势力，同时还执行了**宪法应服从国民议会多数的决议的原则**。它对共和国的理解是：在共和国里，资产阶级通过议会形式实现统治，它不像在君主国里那样既要受行政权的否决权的限制，又要受行政权解散议会的权力的限制。根据梯也尔所下的定义，**议会制共和国**就是这样。可是，如果说资产阶级在6月13日保证自己在议会大厦内取得了无限的权力，那么它把议会中最孚众望的议员排除出去，岂不是严重地削弱了议会对付行政权和人民的力量，因而使议会本身受到一次沉重的打击吗？它既然毫不客气地把许多议员交付法庭审判，也就是废弃了它本身的议会不可侵犯性。它迫使山岳党议员遵守的那个屈辱性的规则，大大提高了共和国总统的地位，因而也就大大贬低了每一个人民代表。它指责为保护立宪制宪法而举行的起义是图谋颠覆社会的无政府行动，也就是自己剥夺了自己在遭受行政权违反宪法的侵犯时诉诸起义的机会。历史真能捉弄人！1851年12月2日，秩序党痛哭流涕、但徒劳无益地向人民推荐了一位抵御波拿巴而保护宪法的将军**乌迪诺**，这位将军曾按照波拿巴的命令炮轰了罗马，因而成为6月13日护宪骚动的直接原因。6月13日的另一个英雄**维埃伊拉**，曾经率领一帮属于金融贵族的国民自卫军在民主派报社内胡作非为，因而受到来自国民议会讲坛的称赞；这个维埃伊拉竟参与了波拿巴的阴谋，并且在很大程度上使得国民议会在生死关头失掉了国民自卫军方面的任何援助。

6月13日的事变还有另一种意思。山岳党曾力求把波拿巴交付法庭审判。所以，山岳党的失败也就是波拿巴的直接胜利，也就是波拿巴个人对他那些民主派敌人的胜利。秩序党赢得了这个胜利，而波拿巴只要把这次胜利写在自己的账簿上就行了。他这样做了。6月14日，巴黎各处墙壁上张贴了一个布告，据布告所说，总统好像并没有参与这一切，好像他也并不愿意，只是为事变所迫才离开他的僧院式的隐居生活，他以被人误会的善人口吻抱怨敌人对他的诽谤，他仿佛把他个人和秩序的事业等同起来，实际上却是把秩序的事业和他个人等同起来。此外，虽然国民议会后来批准了对罗马的征讨，但这次征讨是由波拿巴发起的。波拿巴恢复了最高祭司撒母耳在梵蒂冈的权力以后，便可以指望以大卫王的姿态进入土伊勒里宫了①。他已把僧侣拉到自己方面来了。

我们已经说过，6月13日的骚动只不过是一次和平的街头游行。所以，对付这次游行，是说不上什么军事勋业的。然而，在这个很少有英雄人物和事变的时期，秩序党却把这

---

① 据圣经传说，犹太王大卫是由撒母耳主持涂油仪式而登极的（见《旧约全书·撒母耳记（上）》第16章）。这里暗指路易·波拿巴在恢复罗马教皇庇护九世的世俗权力之后，指望在他复辟称帝进入土伊勒里宫时，能得到教皇的支持。

个不流血的战斗变成了第二个奥斯特利茨①。讲坛和报纸都称赞军队,说它是秩序用来对抗那些反映无政府状态的软弱无力的人民群众的一种力量,而尚加尔涅则被称颂为"社会中坚"——这个骗局,最后连他自己也信以为真了。这时,那些仿佛怀有二心的军队,都被悄悄地调出了巴黎;那些在选举中表露出浓厚的民主倾向的团队,都从法国调往阿尔及尔去了;士兵中不安分的分子,都被送入了惩罚队;最后,报刊渐渐和兵营完全隔绝,而兵营渐渐和市民社会完全隔绝了。

在这里我们已经谈到了法国国民自卫军历史上的决定性的转折点。1830年,国民自卫军决定了复辟的垮台。在路易-菲力浦时期,如果国民自卫军站在军队一边,每次暴动都要遭到失败。当国民自卫军在1848年的二月事变中对镇压起义采取消极的态度,而对路易-菲力浦采取模棱两可的态度时,路易-菲力浦就认为自己一定要完蛋,而事情果然也就是这样。于是就确立了这样一种信念:革命**没有**国民自卫军便不能胜利,而军队如果**反对**国民自卫军便不能获胜。这是军队对市民万能的一种迷信。在1848年六月事变中,当全部国民自卫军协同正规军镇压了起义的时候,这种迷信更加牢固了。从波拿巴就任总统时起,由于违反宪法地把国民自卫军的指挥权和正规军第一师的指挥权统一在尚加尔涅一人身上,

---

① 奥斯特利茨是现在的斯拉夫科夫的旧称。1805年12月2日,拿破仑第一在这里击败了俄奥联军,取得了决定性胜利。

国民自卫军的地位才稍稍降低了一些。

国民自卫军的指挥权在这里好像成了最高军事统帅的一种属性，同样，国民自卫军本身也好像只是正规军的附属物。最后，在6月13日国民自卫军已经被粉碎，这不仅是由于从这一天起它在法国全国各地都一部分一部分地逐渐被解散，直到它只剩了一些碎屑为止。6月13日的示威游行首先是国民自卫军中民主派的示威游行。固然，他们用来和军队对抗的，不是自己的武器，而只是自己的军装；可是，护身符就在于这个军装。军队知道，这种军装不过是一块普普通通的毛料。魔法消失了。1848年六月事变时，资产阶级和小资产阶级以国民自卫军为代表同军队联合起来反对无产阶级；1849年6月13日，资产阶级在军队的帮助下驱散了小资产阶级的国民自卫军；1851年12月2日，资产阶级的国民自卫军也已经不存在了，当波拿巴后来签署解散国民自卫军的法令时，他只是确认了既成的事实。资产阶级就这样自己毁坏了自己对抗军队的最后一个武器，但是自从小资产阶级已不像一个忠顺的臣仆支持它而像一个反叛者反对它的时候，它就已经应该毁坏这个武器了。一般说来，资产阶级一当自己成为专制者的时候，它就不得不亲手把自己用来对付专制制度的一切防御手段尽行毁坏。

这时候，秩序党却在庆祝政权重新回到它手里（1848年它失掉了这个政权，好像只是为了1849年它摆脱一切羁绊的时候重新把它收回来），它对共和国和宪法横加侮辱，咒骂未来、现在和过去的一切革命，甚至连它自己的领袖所完成的革命都包括在内，最后还颁布了钳制报刊言论、消灭结社自由和把戒严状态规定为正常制度的法律。接着，国民议会从8月中旬到10月中旬停止了开会，任命了休会期间的常任委员会。在休会期间，正统派在埃姆斯进行阴谋活动，奥尔良派在克莱尔蒙特进行阴谋活动，波拿巴借皇帝式的巡游来进行阴谋活动，而各省议会则在为修改宪法召开的会议上施展阴谋，这是国民议会定期休会时期照例发生的一些事实。这些事实只有在它们具有事变的性质时，我才较为详细地予以论述。不过这里还应该指出，国民议会在一个相当长的时期内退出舞台，只留下路易·波拿巴这**一个**——虽然是一个可怜的——人物在众目共睹之下占据共和国首脑的地位，国民议会的这种举动是失策的，而这时秩序党却分解为各个保皇派构成部分，发泄其彼此敌对的复辟欲望，使公众为之哗然。每当这种休会期间**议会**的喧闹声趋于沉寂而议会的身体消融到国民里去的时候，就显然可以看出，这个共和国为要显出自己的真面目来，只缺少**一件东西**——使议会的休会继续不断，并把**共和国的**"自由，平等，博爱"这句格言代以毫不含糊的"步兵，骑兵，炮兵！"

四

　　1849年10月中，国民议会复会。11月1日，波拿巴送给议会一个咨文①，说巴罗—法卢内阁已经免职，新内阁已经组成，这使议会大为震惊。就是驱逐一个仆人也不会像波拿巴驱逐自己的内阁阁员那样蛮横无理。预定要向国民议会踢去的一脚，先踢到巴罗和他的同僚身上了。

　　我们已经说过，巴罗内阁是由正统派和奥尔良派组成的。这是秩序党的内阁。波拿巴需要这个内阁，是为了要解散共和派制宪议会，实现对罗马的征讨，并摧毁民主派的力量。那时他好像躲到这个内阁背后，把政府权力让给了秩序党，戴上了路易—菲力浦时期报刊的责任发行人戴的谦虚的性格面具，即代理人戴的面具。现在他把面具丢掉了，因为这个面具已不是一块使他能够隐藏自己的面容的薄纱，而是已变成一个妨碍他显示出自己的本来面目的铁制面具了。他任命巴罗内阁，是要借秩序党的名义驱散共和派的国民议会；他解散这个内阁，是要宣布他自己的名字和这个秩序党的国民议会无关。

　　要解散巴罗内阁是不乏正当借口的。巴罗内阁在对待共和国总统这个和国民议会并存的权力时，甚至连必须遵守的

---

① 1849年11月1日巴黎《总汇通报》第305号。

礼节都忽视了。在国民议会休会期间,波拿巴发表了致埃德加·奈的信,其中好像是指责教皇①的自由主义行动②,正像他曾同制宪议会相对抗,发表了称赞乌迪诺进攻罗马共和国的信一样。当国民议会表决远征罗马的拨款时,维克多·雨果从所谓的自由主义出发提起了这封信的问题。秩序党在表示轻蔑和怀疑的叫声下,根本埋葬了认为波拿巴的狂妄举动可能有什么政治意义的念头。内阁阁员没有一个人出来替波拿巴应战。又一次,巴罗以他特有的空洞的热情,在讲坛上愤愤不平地讲到据他说是在总统亲信人物中进行的"可憎的阴谋"。最后,内阁从国民议会中为奥尔良公爵夫人争得了寡妇抚恤金,却坚决拒绝向国民议会提出增加总统薪俸的议案。在波拿巴身上,王位追求者和破产冒险家的身份紧紧地结合在一起,因此,认定他自己负有恢复帝国的使命这一伟大思想总是由认定法国人民负有替他偿清债务的使命的另一伟大思想所补充。

巴罗—法卢内阁是波拿巴所成立的第一个同时又是最后

---

① 庇护九世。
② 所谓教皇的自由主义行动是指教皇庇护九世1846年就职时实行大赦,在教会国家开始实行广泛的改革,以及1848年3月在教会国家实施立宪制并建立某种程度的世俗内阁等做法。

在《路易·波拿巴的雾月十八日》1852年第1版和1869年第2版中此处都错印成"教皇的非自由主义行动",1885年出版第3版时改为:"教皇的自由主义行动"。

一个**议会制内阁**。所以，这个内阁的解散是一个决定性的转折点。随着这个内阁的解散，秩序党就不可挽回地丧失了为维持议会制度所必需的支柱——掌握行政权。在法国这样的国家里，行政权支配着由50多万人组成的官吏大军，也就是经常和绝对控制着大量的利益和生存；在这里，国家管制、控制、指挥、监视和监护着市民社会——从它那些最广大的生活表现起，直到最微不足道的行动止，从它的最一般的生存形式起，直到个人的私生活止；在这里，这个寄生机体由于非常的中央集权而无处不在，无所不知，并且极其敏捷、极其灵活，同时现实的社会机体却又是极无自动性、极其软弱、极不固定；在这样一个国家里，十分明显，国民议会如果不同时简化国家管理，不尽可能缩减官吏大军，最后，如果不让市民社会和舆论界创立本身的、不依靠政府权力的机关，那么它一旦失掉分配阁员位置的权限，也就失掉任何实际影响了。但是，法国资产阶级的**物质利益**恰恰是和保持这个庞大而分布很广的国家机器最紧密地交织在一起的。它在这里安插自己的多余的人口，并且以国家薪俸形式来补充它用利润、利息、地租和酬金形式所不能获得的东西。另一方面，资产阶级的**政治利益**又迫使它每天都要加强压制，即每天都要增加国家政权的经费和人员，同时又不断地进行反对社会舆论的战争，并由于猜疑而去摧残和麻痹独立的社会运动机关，如果不能把它们根本割掉的话。这样，法国资产阶级的阶级地位就迫使它一方面要根本破坏一切议会权力、包括它自己的议会权力的存在条件，另一方面则使得与它相敌对的行政权成为不可克制的权力。

新内阁叫作奥普尔内阁。这并不是说奥普尔将军得到了内阁总理的职位。自从巴罗免职时起，波拿巴甚至废除了这个职位，因为事实上这个职位使共和国总统成为在法律上微不足道的立宪君主，这个立宪君主没有王位和王冠，没有权杖和宝剑，没有不被追究责任的特权，没有世袭的最高国家权位，而最坏的是没有皇室费。奥普尔内阁里只有一个人拥有议员头衔，这就是高利贷者**富尔德**，他是金融贵族中恶名昭彰的一个。财政部长的位置就落到他手上。只要看看巴黎交易所的行市表，就可以看出，从1849年11月1日起，法国的证券是随着波拿巴的股票的涨跌而涨跌的。这样波拿巴在交易所中找到了同盟者，同时又以任命卡尔利埃为巴黎警察局长而把警察抓到自己手里。

可是，内阁更迭的后果，只有在事变继续发展的进程中才能显露出来。波拿巴暂时只向前进了一步，好像是为了更清楚地表明自己被抛到后面去了。他送了一份粗鲁的咨文以后，接着就极为卑屈地表示听命于国民议会。每当内阁阁员们敢于小心翼翼地试图把他们个人的奇奇怪怪的想法制定成法案的时候，他们好像只是迫于本身地位违心地执行他们事先已确信不会有什么效果的滑稽的委托。每当波拿巴在内阁阁员们背后泄露出他的意图并玩弄他的"拿破仑观念"的时候，他的内阁阁员就在国民议会的讲坛上表示不同意他的主张。看来他说出篡夺权位的欲望，只是为了使他的敌人们的幸灾乐祸的笑声不致沉寂下去。他扮演了一个不被赏识而被全世界当作傻瓜的天才角色。他从来还没有像这个时期这样遭到一切阶级的极度的轻蔑。资产阶级从来还没有这样绝对地统治过，从来还没有这样高傲地炫耀过自己的统治的象征物。

我的任务不是在这里叙述资产阶级立法活动的历史。它的立法活动在这个时期只限于制定两个法律：一个是恢复**葡萄酒税**的法律①，另一个是废除无神思想的**教育法**②。当法国人难以喝上葡萄酒的时候，真正的生命之水③却供应得更加充裕。资产阶级以葡萄酒税的法律宣布了旧时的可恨的法国税制的不可侵犯性，同时又力图以教育法使群众保存他们能够容忍这一税制的旧时的心境。有人感到奇怪，为什么奥尔良

---

① 制宪议会原来决定从1850年1月1日起取消葡萄酒税，但是在这个期限前10天，国民议会又通过了恢复这项税收的法律。关于采取这一措施的政治意义的论述，见马克思的《1848至1850年的法兰西阶级斗争》第三篇"1849年六月十三日事件的后果"。
② 1850年1月19日、2月26日和3月15日，国民议会讨论了教育法并在3月15日通过了这项法律。这项废除无神思想的教育法，实际上是把学校置于教士的控制之下。具体论述见马克思的《1848至1850年的法兰西阶级斗争》。
③ 《新约全书·启示录》第22章。

派，自由派资产者，这些伏尔泰主义①和折衷派哲学的老信徒们，竟把指导法国人的精神的工作，委托给他们的世仇耶稣会去担任。可是，奥尔良派和正统派在王位追求者这个问题上虽然有分歧，但是他们双方都懂得，他们的共同统治要求把两个时期的压迫手段结合起来，七月王朝时期的奴役手段必须用复辟时期的奴役手段来补充和加强。

农民的一切希望都落了空，他们一方面比任何时候都苦于粮价低落，另一方面又苦于赋税和抵押债务日益加重，于是他们在各省开始骚动起来。他们所得到的答复是迫害教师，使他们服从于僧侣，迫害镇长，使他们服从于县官，最后是施行控制一切人的侦探制度，在巴黎和各大城市，反动派本身具有自己时代的特征，挑衅行为多于压制。在乡村，反动派卑鄙龌龊，琐碎小气，可恶可厌，一句话，就是宪兵。显然，受过牧师制度祝福的宪兵制度三年来对愚昧的群众的腐蚀该是多么深。

虽然秩序党在国民议会讲坛上热情奔放，大发议论反对少数派，但是它的言词始终是单音节的，正如基督徒"是，就说是，不，就说不"②一样！不论是讲坛上或报刊上的言

---

① 伏尔泰是自然神论者，他对僧侣主义、天主教和专制政体的猛烈抨击曾对他的同时代人产生极大的影响，因此伏尔泰主义特指18世纪末期的进步的、反宗教的社会政治观点。

② 《新约全书·马太福音》第5章第37节。

论，都很单调，和预先知道答案的谜语一样平淡无味。不管是谈请愿权还是葡萄酒税，不管是谈新闻出版自由还是贸易自由，不管是谈俱乐部还是市政机构，也不管是谈保障人身自由还是决定国家预算，发出的口号总是一样，题目总是一个，判词总是早已准备妥帖而且总是一成不变地说："**社会主义！**"甚至资产阶级的自由主义也被宣布为**社会主义**；资产阶级的教育也被宣布为社会主义；资产阶级的财政改革也被宣布为社会主义。在已有运河的地方建筑铁路也是社会主义，用木棍抵御刀剑的袭击也是社会主义。

这并不只是一句空话、一种时髦或一种党派斗争手腕。资产阶级正确地了解到，它为反对封建制度而锻造出来的各种武器都倒过来朝向它自己了，它所创造的一切教育手段都转过来反对它自己的文明了，它创造的所有的神都离弃了它。它了解到，一切所谓的市民自由和进步机关，都侵犯它的**阶级统治**，并且既威胁它的社会基础，又威胁它的政治上层，因此这些东西就成了"**社会主义的**"了。在这种威胁和这种侵犯中，它正确地看出了社会主义的秘密，所以它对于社会主义的意义和趋势的评价，就比所谓的社会主义自己对自己的评价更正确些。而这种所谓的社会主义因此也就不能了解，为什么资产阶级对它一味表示反对——不管它是在为人类的痛苦感伤地哭泣，不管它是在宣扬基督的千年王国和博爱，也不管它是在用人道主义态度漫谈精神、教育和自由，或是在空泛地臆造一切阶级的协调和幸福的制度。资产阶级只是没有了解到一点：如果推论下去，那么**它自己的议会制度**，它的整个**政治统治**，现在也应该被普遍指责为**社会主义的东西**了。当资产阶级的统治还没有充分组织起来，还没有获得自己的纯粹的政治表现时，其他各个阶级的对抗也不能以纯粹的形式出现，而在出现这一对抗的地方，它也不能实现那种使一切反对国家政权的斗争转化为反对资本的斗争的危险转变①。既然资产阶级认为任何一种社会生活表现都危害"安宁"，那么它又怎能希望在社会上层保持**不安宁的制度**，即保持自己那个——照它的一位发言人的说法——生存在斗争中并且靠斗争生存的**议会制度**呢？靠辩论生存的议会制度怎能禁止辩论呢？既然这里每种利益、每种社会措施都被变成一般的思想，并被当作一种思想来讨论，那么在这种条件下怎么能把某种利益、某种措施当作一种高出思维的东西而强使人们把它当作信条来接受呢？发言人在讲坛上的斗争，引起了报界低级作家的斗争；议会中的辩论俱乐部必然要由沙龙和酒馆中的辩论俱乐部来补充；议员们经常诉诸民意，就使民意有理由在请愿书中表示自己的真正的意见。既然议会制度将一切事情交给大多数决定，那么议会以

---

① 在1852年版中这句话是这样写的："它也不能实现那种立刻危及财产、宗教、家庭和秩序，使一切反对国家政权的斗争转化为反对资本的斗争的危险转变。"

外的大多数又怎能不想作决定呢？既然你们站在国家的顶峰上拉提琴，那么站在下面的人跟着跳舞不正是意料之中的事吗？

总之，既然资产阶级把它从前当作"**自由主义**"颂扬的东西指责为"**社会主义**"，那么它就是承认它本身的利益要求它逃避**自身统治**的危险；要恢复国内的安宁，首先必须使它的资产阶级议会安静下来，要完整地保持它的社会权力，就应该摧毁它的政治权力；只有资产阶级作为一个阶级在政治上注定同其他阶级一样毫无价值，个别资产者才能继续剥削其他阶级，安逸地享受财产、家庭、宗教和秩序；要挽救它的钱包，必须把它头上的王冠摘下，而把保护它的剑像达摩克利斯剑一样地悬在它自己的头上。

在资产阶级的共同利益方面，国民议会表现得非常无能。例如1850年冬季开始的关于修筑巴黎—阿维尼翁铁路问题的讨论，直到1851年12月2日还没有结果。只要国民议会不从事压迫，不进行反动活动，它就患了不可救药的不妊之症。

当波拿巴的内阁一部分人倡议制定符合秩序党精神的法律，一部分人还在夸大这些法律在实施和运用中的残酷性的时候，波拿巴本人却企图以一些幼稚荒唐的提案来博得声望，强调自己对于国民议会的敌意，并暗示有某种神秘的藏宝处，只是由于环境的阻碍暂时还不能把所藏的财宝奉献给法国人民。例如,给下级军官每天增加四个苏的津贴的提案,以及为工人创设信誉贷款银行的提案。金钱的馈赠和金钱的借贷,这就是他希望用以诱惑群众的远景。馈赠和贷款,这就是显贵的和卑贱的流氓无产阶级的财政学。波拿巴所善于运用的妙诀只此而已。从来还没有一个王位追求者像他这样庸俗地利用群众的庸俗习气来进行投机勾当。

国民议会眼看着波拿巴这样明明白白地企图靠损害它来博取声望,眼看着这个被债主催逼而又毫无值得珍惜的声誉的冒险家越来越可能干出某种极冒险的勾当,曾不止一次地表示狂怒。秩序党和总统之间的分歧已经带有危险性质,一个出乎意料的事件又迫使总统怀着忏悔的心情重新投入秩序党的怀抱。我们指的是**1850年3月10日的补选**。这次选举是为了填补六月十三日事变后被监禁或驱逐出国的议员所空下来的席位。巴黎只选了社会民主派的候选人①,并且绝大部分选票都投给了参加过1848年六月起义的德弗洛特。和无产阶级联合起来的巴黎小资产阶级,就这样报复了1849年6月13日的失败。看来,小资产阶级在危急关头离开战场,只是为了要在顺利的情况下以更大的战斗力量和更勇敢的战斗口号重新进入战场。看来有一种情况更加重了这次选

---

① 指拉·伊·卡诺、保·德弗洛特和弗·维达尔。

举胜利的危险性。军队在巴黎投票选举了六月起义的一个参加者来对抗波拿巴的内阁阁员拉伊特,而在各省,军队中大部分人投了山岳党人的票,山岳党人在这些地方虽然不像在巴黎那样占有绝对优势,但也比对手占了优势。

波拿巴突然看到自己又面对着革命了。和1849年1月29日及1849年6月13日一样,1850年3月10日他又躲到秩序党背后去了。他屈服了,他怯懦地请罪,表示决心遵照议会多数的意旨来组织任何一个内阁,他甚至恳求奥尔良派和正统派的首领们,梯也尔们、贝里耶们、布罗伊们和摩莱们,一句话,就是恳求所谓的卫戍官们[①]亲自掌握政权。秩序党未能利用这个千载难逢的机会。它不但没有大胆地抓住这个送到手上的政权,甚至也没有强迫波拿巴恢复他在11月1日所解散的内阁;它满足于用自己的宽恕羞辱波拿巴,并使**巴罗什**先生加入奥普尔内阁。这个巴罗什作为公诉人曾经在布尔日最高法院上疯狂地攻击过五月十五

[①] 《卫戍官》是维克多·雨果的一部描写德国中世纪生活的历史剧。在中世纪的德国,卫戍官是皇帝指派的城堡和地区的统治者。1850年5月1日,根据内务大臣的命令成立了立法议会新选举法起草委员会。它的17名成员属于奥尔良派和正统派,由于贪图权力和立场反动而被称之为卫戍官。

日事件①中的革命者和六月十三日事件中的民主派，两次都指控他们危害国民议会。以后波拿巴的任何一个内阁阁员，都没有再敢像巴罗什那样蔑视国民议会，而在1851年12月2日以后，我们发现，他又得到了参议院副议长这个官高禄厚的职位。他把痰吐在革命者的菜汤中，为的是让波拿巴能够把它喝掉。

社会民主派这方面似乎只是在寻找借口，以便再度使自己的胜利成为问题并削弱这一胜利的意义。巴黎新选出的议员之一维达尔，同时在斯特拉斯堡也当选了。他被说服放弃巴黎的选举而接受了斯特拉斯堡的选举。这样，民主派就没有把自己在投票站的胜利变成最终的胜利，从而激起秩序党立刻在议会中对这个胜利提出异议，它没有迫使对手在人民

---

① 1848年5月15日巴黎人民的革命行动是在进一步推进革命和支持意大利、德国、波兰的革命运动的口号下进行的，参加游行的有15万人，其中主要是以布朗基等为首的巴黎工人。游行者向当天讨论波兰问题的制宪议会走去，闯进了波旁王宫的会议大厅，要求议会兑现诺言，要求对为争取独立而斗争的波兰给予军事援助，要求采取断然措施消除失业和贫困，给工人以面包和工作，成立劳动部；他们企图驱散制宪议会，成立新的临时政府。但5月15日的示威运动被镇压下去了。它的领导人布朗基、巴尔贝斯(他曾提出向富人征收10亿税款)、阿尔伯、拉斯拜尔等都被逮捕。这次革命行动失败后，临时政府采取了一系列废除国家工场的措施，实施了禁止街头集会的法律，封闭了许多民主派俱乐部。1849年3月7日至4月3日，在布尔日对1848年5月15日事件的参加者进行了审判。巴尔贝斯被处以无期徒刑，布朗基被处以10年的单独监禁，德弗洛特、索布里埃、拉斯拜尔、阿尔伯等人各被判处期限不等的徒刑，有的被流放到殖民地。

热情高昂和军队情绪良好的时机出来斗争,反而在3月和4月间用新的竞选把巴黎弄得疲惫不堪,使人民的激昂的感情在这一新的临时竞选把戏中消耗掉,使革命的精力满足于宪制的成就,把革命精力浪费于细小的攻讦、空洞的宣言和表面的运动,让资产阶级集合起来并作好准备,最后,以4月补选的感伤主义的注释(欧仁·苏当选)减弱了3月选举的意义。一句话,社会民主派让3月10日受了4月愚人节的愚弄。

议会中的多数派了解自己对手的弱点。因为波拿巴让多数派领导和负责攻击,多数派的17个卫戍官制定了新选举法,法案的报告人是要求这种荣誉的福适先生。5月8日,福适提出了这个法案,其内容是要废除普选权,并规定选举人必须在他们所在的选区内居住3年,最后,工人在选区的居住年限应由他们的雇主来作证。

民主派在宪制选举斗争时期曾满怀革命的激情,当现在应该拿起武器来证明自己的选举胜利的重大意义的时候,他们却以宪制精神鼓吹秩序,宣扬庄严的宁静(calme majestueux)和合法行为,也就是盲目地服从自封为法律的反革命势力的意志。在辩论的时候,山岳党力图羞辱秩序党,以一个遵守法制的正直庸人的冷漠态度来对抗它的革命热情,严厉责备它的革命行为,从而把它置于死地。甚至新当选的议员们也极力想以自己的谨慎而有礼的举动来向大家证明:责骂他们是无政府主义者和把他们的当选解释成革命的胜利,是一种怎样的误解。5月31日,新选举法①通过了。山岳党把抗议书塞进总统的衣袋里就心满意足了。继选举法之后又通过了一个彻底消灭革命报刊的新的新闻出版法②。革命报刊遭到这种厄运是应该的。在这场大洪水以后,革命的最前哨就只剩下《国民报》和《新闻报》这两个资产阶级的报纸了。

我们已经看到,民主派的领袖们在3月和4月间曾竭力把巴黎人民拖入虚构的斗争,而他们在5月8日以后又竭力阻止巴黎人民进行实际的斗争。此外,我们还不应当忘记,1850年是少有的工商业繁荣的年头,所以当时巴黎的无产阶级有充分就业的机会。可是1850年5月31日的选举法根本剥夺了无产阶级参政的权利,甚至断绝了他们接近战场的机会。这个法律使工人回复到他们在二月革命以前所处的贱民地位。面对着这样的事变,他们却让民主派来驾驭自己,为了一时的安逸而忘记了自己阶级的革命利益,他们放弃了作为制胜力量的光荣,屈服于自己的命运,并且表明,1848年6月的失败使他们长期丧失了战斗能力,最近的历史进程又要撇开他们而向前发展。至于在6月13日曾大嚷大叫"只要敢动一

---

① 新选举法即法国1850年5月31日通过的《1849年3月15日选举法修正案》。该法案规定,在固定居住地居住3年以上并直接纳税的人才有表决权。此项法案使300多万选民丧失了选举权,实际上废除了普选权。
② 新的新闻出版法于1850年7月16日由立法议会通过。它大大提高了报纸出版者应交付的保证金数额,并开始征收印花税,小册子也不例外。新出版法是实际取消法国新闻出版自由的又一项反动措施。

动普选权，那就对他不客气！"的小资产阶级民主派，现在他们却自慰说：反革命给他们的打击根本不是打击，而5月31日的法律也根本不是法律。在1852年5月的第二个星期日，每个法国人都将一手拿着选票，一手拿着利剑来到投票站。他们用这样的预言来安慰自己。最后，军队为了1850年3月和4月的选举而受到上级的处罚，正如他们曾经为了1849年5月29日的选举而受到处罚一样。可是这次军队坚决地对自己说："第三次我们再不会上革命的当了！"

1850年5月31日的法律，是资产阶级的政变。资产阶级过去所有各次对革命的胜利，都只具有临时的性质。只要现届国民议会一退出舞台，这些胜利就成为问题了。这些胜利是取决于新的普选中的偶然情况的，而自从1848年以来，选举的历史已经无可辩驳地证明，资产阶级的实际统治越强大，它对人民群众的精神统治就越软弱。普选权在3月10日直接表明反对资产阶级的统治，资产阶级就以取消普选权进行了报复。所以，5月31日的法律是阶级斗争的一种必然表现。另一方面，按宪法规定，共和国总统的当选至少要有200万票才算有效。如果总统候选人中没有一个人获得这个最低限度的票数，国民议会就有权从得票最多的三个候选人中选出一个来当总统。当制宪议会制定这个法律的时候，选民册中共有1000万选民。所以，按照这个法律，只要取得占选民总数1/5的票数，总统当选就算有效了。5月31日的法律至少从选民册中勾销了300万个选民，这样就把选民人数减低到700万人，但是当选总统需要获得200万选票的法定最低限额却依然保留着。这样一来，法定的最低限额就从总选票的1/5几乎提高到1/3。换句话说，这个法律用尽一切办法把总统选举从人民手里暗中转到国民议会手里。总之，秩序党好像是用5月31日的选举法加倍巩固了自己的统治，因为它已经把国民议会议员的选举和共和国总统的选举转交给社会的保守部分了。

五

革命危机刚一过去，普选权刚一废止，国民议会和波拿巴之间的斗争就重新爆发了。

宪法规定发给波拿巴的薪俸是每年60万法郎。他就职后不到半年工夫，就把这个数额增加了一倍，因为奥迪隆·巴罗硬要制宪议会每年发给60万法郎的津贴作为所谓交际费。在6月13日以后，波拿巴也曾提出过同样的要求，可是巴罗这次并没有听从。现在，在5月31日以后，波拿巴立即利用这个有利的时机，通过他的内阁阁员们向国民议会要求每年发给300万法郎的皇室费。长期的流浪生活使这个冒险家长出非常发达的触角，他能探知可能向资产者勒索金钱的时机，他采取了十足的敲诈手段。国民议会在他的协助和同意下污辱了人民的主权。他威胁说，如果国民议会不松开钱袋，不以每年300万法郎来买他的沉默，他就要向人民法庭告发国民议会的犯罪行为。国民议会剥夺了300万法国人的选举权，他要求把每一个不流通的法国人换成一个流通的法郎，正好是300万法郎。他是由600万人选出来的，他要求赔偿他在事后被剥夺掉的票数。国民议会的委员会拒绝了这种厚颜无耻的要求。波拿巴派的报纸进行威胁。国民议会能够在它根本彻底和国民群众决裂的时候又同共和国总统决裂吗？国民议会虽然否决了每年的皇室费，但同意一次增发216万法郎。国民议会既已答应给钱，同时又以自己的烦恼表明自己这样做是出于不得已，因而就暴露了双倍的软弱。波拿巴为什么需要这笔款子，我们往后就可以看到。在废除普选权后，接踵而至的是令人气恼的尾声，在这尾声当中波拿巴对于篡权的议会的态度已经从3月和4月危机时期的恭顺平和变成了挑战式的骄横，而国民议会在这个尾声后却休会三个月，从8月11日到11月11日。它在休会期间留下了一个由28人组成的常任委员会，代行它的职能。这其中没有一个波拿巴分子，但是有几个温和的共和派。1849年的常任委员会完全是由秩序党和波拿巴分子组成的。但是，那时是秩序党以革命的经常反对者自命，现在则是议会制共和国以总统的经常反对者自命了。5月31日的法律通过后，秩序党要对付的只是这个敌手了。

1850年11月国民议会复会的时候，过去国民议会和总统之间的一些小小的冲突看来势必要转化为两个权力之间的大规模的无情战斗，转化为两个权力之间的你死我活的斗争。

　　同1849年间一样，这一年议会休会期间，秩序党又分解成了各个派别，每一派别都忙于自己的复辟阴谋，这种阴谋因路易-菲力浦之死而更加活跃起来。正统派的国王亨利五世，甚至任命了一个组织完备的内阁驻在巴黎，其中有几个常任委员会委员参加。因此，波拿巴也有理由巡游法国各省，并按照他所幸临的每个城市的情绪，或者隐晦地或者公开地吐露自己的复辟计划，为自己张罗选票。波拿巴的这次巡游，自然被大型的官方报纸——《通报》和小型的波拿巴私人通报捧作胜利的游行，在这次巡游期间，到处都有**十二月十日会**的会员们随驾陪行。这个团体在1849年就成立了。它名义上是个慈善会，实际上是由巴黎流氓无产阶级组成的一些秘密宗派，每一个宗派都由波拿巴的走狗们领导，总领导人是一个波拿巴派的将军[①]。在这个团体里，除了一些生计可疑和来历不明的破落放荡者，除了资产阶级中的败类和冒险分子，就是一些流氓、退伍的士兵、释放的刑事犯、脱逃的劳役犯、骗子、卖艺人、游民、扒手、玩魔术的、赌棍、私娼狗腿、妓院老板、挑夫、下流作家、拉琴卖唱的、捡破烂的、磨刀

[①]　指让·皮·皮阿。

的、补锅的、叫花子,一句话,就是被法国人称作浪荡游民的那个完全不固定的不得不只身四处漂泊的人群。波拿巴把这些跟他同类的分子组成十二月十日会即"慈善会"的核心,因为这个团体的所有成员都和波拿巴一样感到自己需要靠国内的劳动群众来周济。波拿巴是**流氓无产阶级的首领**,他只有在这些流氓无产者身上才能重新找到他自己的个人利益的大量反映,他把这些由所有各个阶级中淘汰出来的渣滓、残屑和糟粕看作他自己绝对能够依靠的唯一的阶级,这就是真实的波拿巴,不加掩饰的波拿巴①。他这个老奸巨猾的痞子,把各国人民的历史生活和他们所演出的大型政治历史剧,都看作最鄙俗的喜剧,看作专以华丽的服装、辞藻和姿势掩盖最鄙陋的污秽行为的化装舞会。例如,在进攻斯特拉斯堡时,一只受过训练的瑞士兀鹰就扮演了拿破仑之鹰的角色。当他在布洛涅登陆时,他给几个伦敦仆役穿上了法国军装,于是

---

① 在1852年版中这句话是:"这就是真实的波拿巴,不加掩饰的波拿巴,他后来除了革命者之外,还把他的一部分昔日的共谋者送到卡宴,从而以万能的方式还清了欠他们的债,这充分地显示出波拿巴的本色。"

他们就俨然成了军队①。在他的十二月十日会中,他搜罗了10 000个游手好闲分子,要他们扮演人民,正像尼克·波顿扮演狮子②一样。当资产阶级毫不违反法国演剧格式的迂腐规则,十分严肃地表演最纯粹的喜剧时,当它一半被骗一半信服自己的大型政治历史剧的庄严时,一个把喜剧仅仅看作喜剧的冒险家当然是要获得胜利的。只有当他战胜了盛装的敌人,并且认真演起自己的皇帝角色,戴上拿破仑的面具装作真正的拿破仑以后,他才会成为他自己的世界观的牺牲品,成为一个不再把世界历史看作喜剧而是把自己的喜剧看作世界历史的认真的丑角。十二月十日会是波拿巴特有的一种党

---

① 指七月王朝时期路易·波拿巴企图实行政变的两次武装叛乱。1836年10月30日,他在一些赞成波拿巴主义的军官的帮助下策动了斯特拉斯堡驻防军的两个炮兵团的叛变,但几小时后叛乱分子就被解除了武装。路易·波拿巴本人被捕并被流放到美洲,1837年回到瑞士。因为他在举事时是瑞士国民,所以称之为瑞士兀鹰。1840年8月6日他利用法国波拿巴主义抬头的机会,和一小撮密谋家一起在布洛涅登陆,企图在当地驻防军中发动叛乱。这个企图也遭到了完全的失败。路易·波拿巴被判处终身监禁,但他1846年就逃往英国去了。

② 见莎士比亚的《仲夏夜之梦》第1幕第2场。

原著
选读

派战斗力量；它对于波拿巴的意义，正如国家工场[①]对于社会主义工人，别动队对于资产阶级共和派的意义一样。在他巡游期间，十二月十日会的会员们成群地聚集在沿途各火车站，装作迎驾的群众，并表示人民的热情，高叫"皇帝万岁！"侮辱和殴打共和党人，——所有这些，当然都是在警察保护下干出来的。在他返回巴黎的途中，这些人就充当了前卫，防止或驱散敌对性的示威游行。十二月十日会属于他，它是他创造出来的，是完全出自他自己的主意。在其他方面，他据为己有的东西，都是由于形势关系落到他手中的；他所做的一切，都不过是形势替他做好或者是他模仿别人的行为罢了。他公开地对资产者大打其关于秩序、宗教、家庭、财产的官腔，暗地里却依靠着舒夫特勒和斯皮格尔勃一流人的秘密团体，依靠着无秩序、卖淫和偷窃的团体，这是波拿巴的本色，而十二月十日会的历史便是他本人的历史。有一次破例地发

---

① 国家工场是1848年二月革命结束后根据法国临时政府的法令仓促建立起来的。国家工场一律采取军事化方式进行生产，对工人实行以工代赈的办法，发给面包卡和军饷。临时政府这样做的目的一方面是使路易·勃朗关于组织劳动的思想在工人中丧失威信，另一方面是想利用军事方式组织起来的国家工场工人来反对革命的无产阶级。但是这个分裂工人阶级的计划没有成功，革命情绪在国家工场中继续高涨，政府就采取减少工人人数，派他们去外省参加公共工程等办法来达到取消国家工场的目的。这些做法引起了巴黎无产阶级的极大愤怒，成了巴黎六月起义的导火线之一。起义者曾经利用了国家工场内已有的军事组织。起义被镇压后，卡芬雅克政府于1848年7月3日下令解散了国家工场。

生了这样的事情：有几个秩序党议员挨了十二月十日会会员的木棍。更有甚者，指派给国民议会负责它的保卫事宜的警官伊雍，根据一个名叫阿莱的人的口供向常任委员会报告，说十二月十日会的一个支部决定暗杀尚加尔涅将军和国民议会议长杜班，并且已经指定了凶手。可以想象，杜班先生该是多么惊恐。看来，议会对十二月十日会的调查，即对波拿巴秘密内幕的揭发，是不可避免的了。可是，在国民议会即将开会的时候，波拿巴却早有戒备地解散了自己的这个团体，不过这种解散当然只是在纸面上，因为1851年底，警察局长卡尔利埃在一个详尽的报告书中还白费气力地劝他把十二月十日会真正解散。

当波拿巴还未能把国家军队变成十二月十日会时，十二月十日会仍然是他的私人军队。波拿巴在国民议会休会不久就在这方面作了初次的尝试，而且用的是他刚刚从国民议会手中索取来的钱。他是一个宿命论者，相信有某种不可抗拒的力量是人们特别是军人们所抵抗不住的。而首先被他列入这种力量的就是雪茄烟和香槟酒，冷盘禽肉和蒜腊肠。所以他一开始就在爱丽舍宫的大厅里用雪茄烟、香槟酒、冷盘禽肉和蒜腊肠款待了军官和军士。10月3日他在圣莫阅兵时，又对军队采用了这种办法；10月10日他在萨托里阅兵时，又更大规模地重复了这种办法。伯父回忆亚历山大的远征亚洲，侄子就回忆巴克科斯在同一地方的征伐。不错，亚历山大是半神，而巴克科斯却是神，并且是十二月十日会的庇护神。

10月3日检阅后，常任委员会曾把陆军部长奥普尔召来质问，后者保证这类违反纪律的事情不再发生。大家知道，波拿巴怎样在10月10日履行了奥普尔的诺言。这两次阅兵都是由巴黎军队总司令尚加尔涅担任指挥的。这个尚加尔涅既是常任委员会的委员，又是国民自卫军的司令官；既是1月29日和6月13日的"救星"，又是"社会中坚"；既是秩序党的总统候选人，又是两个王朝的意中的蒙克；他以前从来没有承认自己是陆军部长的部属，一向公开嘲笑共和国宪法，以模棱两可的高傲的庇护态度追逐着波拿巴。现在他却热烈地拥护军纪，反对陆军部长；拥护宪法，反对波拿巴了。当10月10日有一部分骑兵高呼"拿破仑万岁！腊肠万岁！"时，尚加尔涅竟作了安排，至少使他的朋友诺马耶率领去受检阅的步兵严守沉默。在波拿巴的怂恿下，陆军部长为了惩罚诺马耶将军，以任命他为第十四和第十五师团的司令官为借口，解除了他在巴黎的职位。诺马耶拒绝调换职务，因而被迫辞职。尚加尔涅于11月2日发布命令，禁止军队在持军械的情况下呼喊任何政治口号和进行任何示威。爱丽舍官方面的报纸①攻击尚加尔涅；秩序党的报纸攻击波拿巴；常任委员会接连不断地召开秘密会议，会上一再提议宣布祖国处于危急状

---

① 指波拿巴派的报纸。爱丽舍宫是路易·波拿巴任总统期间在巴黎的官邸。

态；军队好像已分裂为两个敌对的阵营，有两个敌对的总参谋部，一个在波拿巴的官邸爱丽舍宫，另一个在尚加尔涅的官邸土伊勒里宫。看来只需国民议会召开会议来发出战斗的信号了。法国公众对波拿巴和尚加尔涅之间这次纠纷的评判，和一位英国记者的评论相同，这位记者写道：

"法国的政治女仆们正在用旧扫帚扫除革命的灼热熔岩，而她们在这样做的时候又互相争吵得不可开交。"

这时，波拿巴急忙免除了陆军部长奥普尔的职务，随即把他派到阿尔及尔去，任命施拉姆将军继任陆军部长。11月12日波拿巴向国民议会送去了一篇美国式的冗长咨文①，其中充满了琐事，渗透着秩序的臭味，渴望调和，表示服从宪法，谈论到所有一切，只是没有谈论到当前的紧急问题。他好像是顺便指出，根据宪法的明确规定，军队的指挥权完全属于总统。这篇咨文是以下面一段极其庄严的词句结尾的：

"**法国要求的首先是安宁……我只受誓言约束，我将谨守这个誓言给我划定的狭隘界限**……至于我个人，我是人民选出的，我的权力完全是人民赋予的，我将永远服从人民的合法表示的

---

① 1850年11月13日巴黎《总汇通报》第317号。

意志。如果你们在本届会期中决定要修正宪法，那就由制宪议会来调整行政权的地位。否则人民将于1852年庄严地宣布自己的决定。可是不论将来的结局如何，我们总应该取得一种共识，永远不让一个伟大民族的命运由热情、意外事故或暴力来主宰……我首先注意的问题不是弄清楚谁将在1852年治理法国，而是要运用我所能支配的时间使这个过渡时期不发生风波和乱子。我对诸位是开诚布公的。望你们以信任来回答我的诚意，以襄助来回答我的善念，其余的一切上帝会来照顾。"

资产阶级的有礼貌的、伪善而温和的、庸俗慈善的腔调，在十二月十日会的专权者兼圣莫和萨托里的野餐英雄的口中，暴露了它那最深长的含义。

关于这种内心剖白是否值得信任的问题，秩序党的卫戍官们总是心中有数的。誓言他们早已听厌了，他们自己的人中间就有许多政治上发伪誓的老手和巧匠；不过关于军队的那一段话，他们倒没有听漏。他们愤懑地发觉：这个咨文非常烦琐地列举了最近颁布的各种法律，但是故意不提最重要的法律——选举法；不仅如此，在不修改宪法的情况下，这个咨文把1852年的总统选举委诸人民。选举法是拴在秩序党脚上的铅球，妨碍他们行动，当然更妨碍他们冲击！此外，波拿巴以正式解散十二月十日会和免除奥普尔的陆军部长职务的手法，亲手把替罪的羔羊献到祖国的祭坛上。他把预期发生的尖锐冲突缓和了下来。最后，秩序党自己也胆怯地竭力回避、缓和并抹杀和行政权发生的决定性的冲突。由于害怕失去在和革命进行斗争中所获得的一切，它让敌手攫取了它所获得的果实。"法国要求的首先是安宁。"秩序党从2月起就开始对革命这样叫喊；现在波拿巴在他的咨文中又对秩序党这样叫喊。"法国要求的首先是安宁。"波拿巴采取了图谋篡夺权位的行为，但是当秩序党因为这种行为而吵吵嚷嚷并且神经过敏地加以解释的时候，它就造成了"不安宁"。只要没有人谈到萨托里的腊肠，这腊肠是根本不会说话的。"法国要求的首先是安宁。"所以波拿巴要求让他安安静静地干他的事情，而议会党却由于双重的恐惧而动弹不得：一怕重新引起革命的不安宁状态，二怕自己在本阶级即资产阶级眼中成为造成不安宁的人。既然法国要求的首先是安宁，所以秩序党也就不敢用"战争"来回答波拿巴咨文中的"和平"了。公众本来以为在国民议会开会时准有好戏看，结果是大失所望。反对派议员要求常任委员会交出它关于十月事件的记录，但这个要求被多数否决了。人们根本规避一切可能激动人心的辩论。国民议会在1850年11月和12月的工作是没有什么意义的。

直到12月底，才开始在议会的个别特权问题上爆发一场游击战。自从资产阶级以废止普选权暂时避开了阶级斗争的时候起，运动就沦为两个权力之间为特权问题发生的小小的口角。

　　有一位人民代表，名叫莫甘，因负债被法庭判罪。司法部长鲁埃在回答法院院长的询问时宣称，应当径直下令把负债者拘捕起来。于是莫甘就被投入债务监狱。国民议会知道这种谋害行为时，大为愤懑。它不仅决定立即释放被捕者，而且当晚①就通过自己的法警强制地把他从克利希监狱放出来了。可是，为了要证明自己信仰私有财产的神圣性，并且暗中打算将来在必要时能够把讨厌的山岳党人安置到收容所去，国民议会又宣布说：在事先取得它的同意时，拘捕负债的人民代表是容许的。国民议会忘记宣布总统也可以因负债被捕入狱。国民议会把自己议员的不可侵犯权的最后一点影子都消灭无余了。

　　上面已经讲过，警官伊雍根据一个名叫阿莱的人的供词，告发了十二月十日会的一个支部阴谋暗杀杜班和尚加尔涅两人的计划。因此，议会总务官在第一次会议上②就提议设立一种特殊的议会警察，由国民议会本身的预算中的经费维持，完全不受警察局长管辖。内务部长巴罗什提出了抗议，说这是一种侵害他的职权的行为。结果双方达成了可怜的妥协，规定议会警官应由议会预算中的经费维持并由议会总务官任免，但是事先必须取得内务部长的同意。这时，政府已对阿

―――
① 1850年12月28日晚。
② 1850年12月29日举行的会议。

莱提起诉讼,政府方面很容易就把阿莱的供词宣布为凭空捏造,并通过公诉人的嘴把杜班、尚加尔涅、伊雍和整个国民议会嘲笑了一顿。然后,12月29日,巴罗什部长又写信给杜班,要求把伊雍免职。国民议会委员会决定伊雍留任原职,可是国民议会由于自己在莫甘案件中采取了强制性的行动而忐忑不安,它习惯于在每次给行政权打击后受到它两次回击,因此没有批准这个决定。国民议会为酬答伊雍的忠诚尽职而免了伊雍的职,因而丧失了自己所享有的一种议会特权,但这种特权对它是十分必要的,因为它所要对付的那个人,不是一个夜间决定白天要干什么的人,而是一个白天作决定夜间就采取行动的人。

我们已经看到,国民议会在11月和12月间,总是极力避免和拒绝在重大的、迫切的问题上和行政权进行斗争。现在我们却看到,它不得不为了最微不足道的理由投入战斗。在处理莫甘案件时,它原则上已经允许逮捕负债的人民代表,不过有个条件,即这个原则只能运用于可恶的人民代表身上,它为了这种可耻的特权和司法部长①发生了争执。国民议会没有利用关于有人准备谋杀杜班和尚加尔涅两人的消息要求追查十二月十日会的活动,并在法国和欧洲面前彻底揭穿波拿巴作为巴黎流氓无产阶级首领的真面目,它竟把冲突归结为

---

① 欧·鲁埃。

在警官应由谁任免的问题上跟内务部长的争吵。这样，我们就看到，秩序党在这个时期内始终都因自己的模棱两可的态度而不得不把自己反对行政权的斗争缩小为关于权限问题的无谓争吵，变成吹毛求疵、无谓争讼以及关于界限问题的争论，把最无聊的形式问题变成了自己的活动的内容。当斗争具有原则意义，行政权真正名誉扫地，国民议会的事业成为国民的事业的时候，秩序党不敢争斗，因为它如果要争斗，就会对国民发出一种进军令，而发动国民正是它最害怕的事情。因此，在这种场合，它总是否决山岳党的提案而转入日常议程。当秩序党已经放弃了大规模的斗争之后，行政权就静待时机，以便有可能当斗争只具有可以说是议会性的局部的利害关系时，借一些无关紧要的理由重新开始这种斗争。那时秩序党将发泄出满腔的愤怒，那时它将拉开后台的幕布，揭开总统的面具，宣布共和国处境危急，然而那时它的热情令人感到荒唐，斗争的理由是一种虚伪的口实或根本不值得斗争的东西。议会的风暴原来不过是一杯水中的风暴，斗争不过是阴谋，冲突不过是吵架。各革命阶级都幸灾乐祸地观望着国民议会受屈辱，因为它们对国民议会的议会特权热心的程度，和国民议会对社会自由热心的程度一样；同时，议会外的资产阶级却不了解，为什么议会内的资产阶级居然把时间浪费在这样琐碎的纠纷上，为什么它竟这样无聊地跟总统进行竞争，从而危害安宁。当大家都在等候作战的时候进行媾和，而当大家都以为和约已经缔结的时候却又开始进攻，这种战略把议会外的资产阶级弄迷糊了。

12月20日，帕斯卡尔·杜普拉就发行金条彩票一事向内务部长提出质问。这彩票是"来自爱丽舍园的女儿"。波拿巴和他的亲信把它献给人世，而警察局长卡尔利埃则把它置于自己的正式保护之下，虽然法国的法律除了以救济为目的的彩票外是禁止发行任何其他彩票的。彩票发行了700万张，每张一法郎，而所得纯利据说是用来遣送巴黎的游民到加利福尼亚去。一方面是为了用黄金梦来排除巴黎无产阶级的社会主义梦想，用可望中头彩的诱人幻景来驱除作为教义的劳动权。自然，巴黎的工人们没有认出加利福尼亚的耀眼的金条就是从他们口袋里骗去的无光彩的法郎。无论如何，这种彩票不过是一种骗局而已。妄想不离开巴黎就能发现加利福尼亚金矿的游民，正是波拿巴本人和他的负债累累的亲信。国民议会同意给他的300万法郎已经用光，无论如何总得重新填满空虚的钱库。波拿巴为建立所谓的工人村曾向全国募集捐款，并且他自己在认捐名册上第一个认捐了一大笔款子，但他只是徒劳了一番。冷酷的资产者抱着不信任的态度等待他付出认捐的款子；而这笔款子自然是没有付出，于是利用社会主义空中楼阁进行的投机把戏就像肥皂泡一样破灭了。金条的成效较大。波拿巴和他的同谋者并不满足于把700万法郎中扣除应兑现的金条以后的一部分纯收益装进自己的腰包，他们还制造了假彩票，同一个号码的彩票发出了10张、15张以至20张，——这真是十二月十日会的金融手段啊！这里，国民议会所碰到的不是名义上的共和国总统，而是有血有肉的波拿巴。这里，国民议会可以在他犯罪——不是违反宪法，而是违反刑法典——的现场把他当场捉住。如果说国民议会以转入日常议程回答了杜普拉的质问，那么，它这样做不只是因为日拉丹要国民议会宣布自己"满意"的提案提醒了秩序党人想起他们自己的一贯的贪污行为。资产者，尤其是高升为政治家的资产者，总是用理论上的浮夸来弥补自己实践上的卑下。资产者身为政治家时，也和同他相对立的国家权力一样，就俨然成为至高无上之物，因而对他作斗争时，也只能采取高尚的庄严的方式。

波拿巴是一个浪荡人，是一个骄横的流氓无产者，他比无耻的资产者有一个长处，这就是他能用下流手段进行斗争。现在，在国民议会亲手帮助他顺利地走过了军人宴会、阅兵、十二月十日会以及违反刑法典等几处很容易滑倒的地点以后，他看到，他可以由伪装的防御转为进攻的时刻已经到了。司法部长、陆军部长、海军部长和财政部长①所遭到的那些小小的失败，即国民议会借以表示愤懑的失败，很少使波拿巴感到不安。他不仅阻止了部长们辞职，从而阻止了承认行政权

---

① 欧·鲁埃、让·保·亚·施拉姆、罗·约·德福塞和阿·富尔德。

服从议会。他现在已经能完成他在国民议会休会期间就已经开始做的事情：军权和议会分立，**把尚加尔涅免职**。

爱丽舍官的一家报纸发表了一个5月间似乎是向第一师团颁发的紧急命令①（因而是出自尚加尔涅的命令），劝告军官们遇有叛乱时不要宽容自己队伍中的叛徒，要立刻将他们枪毙，并且不要按国民议会的要求派遣军队。1851年1月3日，内阁因这一紧急命令受到了质问。为了调查这一事件，内阁起初要求的限期是3个月，继则一个星期，最后仅仅是24小时，国民议会要求立即予以解释。尚加尔涅站起来声明说：这个紧急命令从未下过。他并且补充说，他随时都准备执行国民议会的要求；遇有冲突发生时，国民议会可以信赖他。国民议会以狂热的鼓掌欢迎他的声明，并对他投了信任票。国民议会既然委身于一个将军的私人保护之下，也就是放弃了权力，宣告自己的软弱和军队的万能；但是这位将军弄错了，因为他居然想把波拿巴只是封给他的权力交付给国民议会去反对同一个波拿巴，并且盼望从这个议会，从他的需要保护的被托管者那里获得保护。可是尚加尔涅相信资产阶级从1849年1月29日起赋予他的那种神秘力量。他以为自己是和其他两个国家权力相鼎立的第三个权力。他所遭遇到的命运，也和当代其他的英雄，更正确些说，和当代的圣者

---

① 1851年1月2日巴黎《祖国报》。

原著选读

们所遭遇到的命运一样，这些人物的伟大只在于他们的党派故意替他们宣扬，而到局势要求他们创造奇迹时，他们就显得平庸无奇了。一般说来，不信神是这些假英雄和真圣者的死敌。因此他们对那些冷酷无情的讽刺者和讥笑者表示高尚的道义的愤懑。

当晚①，内阁阁员们被召请到爱丽舍宫，波拿巴坚持要撤换尚加尔涅，五个阁员②拒绝署名。《通报》宣布内阁危机，而秩序党的报纸则以组织由尚加尔涅指挥的议会军相威胁。根据宪法，秩序党是有权这样做的。它只要任命尚加尔涅为国民议会议长，并调来任何数量的军队来保护自己的安全就够了。由于尚加尔涅实际上还统率着军队和巴黎国民自卫军，并且正等待和军队一起被调用，所以秩序党是可以更加放心地这样做的。波拿巴派的报纸甚至还不敢否认国民议会直接调动军队的权利，提出这种法律上的问题在当前局势下是不会有什么成效的。军队将听从国民议会调遣，这是可能的，要知道，波拿巴花了整整一个星期的时间才在巴黎找到两位将军（巴拉盖·狄利埃和圣让·丹热利）愿意在把尚加尔涅撤职的命令上签名。但是秩序党本身是否能在自己的队伍中和议会里找到通过这种决定所必需的票数，就很成问题了，

―――――
① 1851年1月3日晚。
② 比·茹·巴罗什、罗·约·德福塞、让·厄·杜·拉伊特、玛·路·皮·费·帕略和欧·鲁埃。

要知道，过了一个星期就有286个议员脱离了秩序党，而且山岳党甚至在1851年12月，在最后的决定性的时刻还否决了这样的提议。不过，卫戍官们这时也许还能发动他们党内的群众去建立丰功伟绩，即藏身于枪林之后，并利用投到它阵营中的军队的帮助。可是，卫戍官先生们并没有这样做，1月6日晚上他们到爱丽舍宫去，希望用政治手段和论据规劝波拿巴放弃把尚加尔涅撤职的决定。劝谁就是承认谁是主事人。波拿巴由于卫戍官们的这种做法而增加了勇气，1月12日他任命了新内阁，旧内阁的首领富尔德和巴罗什两人继续留任。圣让·丹热利当了陆军部长。《通报》刊载了把尚加尔涅撤职的命令，他的职权划分给指挥第一师团的巴拉盖·狄利埃和指挥国民自卫军的佩罗了。社会中坚退职了，这虽然并没有使一块瓦片从屋顶上掉下来，但是使交易所的行情上涨了。

秩序党既然推开了由尚加尔涅作代表表示愿意听它指挥的军队，因而把这个军队永不复返地让给了总统，这就表明资产阶级已经丧失了统治的使命。议会制内阁已经不存在了。秩序党现在既已丧失了控制军队和国民自卫军的权力，那么它还剩下什么强制手段来同时保持议会用以统治人民的篡夺来的权力和议会用以防止总统侵犯的宪法的权力呢？什么也没有了。它现在只好求助于一些无力的原则，这些原则就连它自己也经常看作只是责成第三者遵守而使自己能更加从容行动的一般规则。我们所研究的时期，即秩序党和行政权斗争的时期的前一部分，就以尚加尔涅被撤职和军权落入波拿巴之手而结束。现在，两个权力之间的战争已经正式宣布并且已在公开进行，不过是在秩序党既失去武器又失去士兵以后罢了。国民议会已经没有内阁，没有军队，没有人民，没有社会舆论，从5月31日通过选举法起就不再是有主权的国民的代表者了，没有眼睛，没有耳朵，没有牙齿，没有一切，逐渐变成了一个**旧法国高等法院**①，它让政府去行动，自己则满足于在事后发出唠叨的抗议。

秩序党以狂怒迎接了新的内阁。贝多将军提醒大家记住常任委员会在议会休会期间的温和态度，记住它由于过分慎重而拒绝把自己的议事记录公布出来。这时内务部长②自己也坚持公布这些记录，因为这些记录现在当然就像不新鲜的水一样已经走味，它暴露不出任何新的事实，对于厌倦的公众也不会有任何影响了。根据雷缪扎的建议，国民议会退回到自己的各委员会，任命了一个"非常措施委员会"。巴黎不越出自己平常生活的常轨一步，尤其是因为这时贸易繁荣，工

---

① 旧法国高等法院是18世纪末资产阶级革命前法国的最高司法机关，许多城市设有这种高等法院。作用最大的是巴黎高等法院，它办理国王敕令的登记，并具有所谓谏诤的权力，即对不合习惯和国家法律的敕令提出反对意见的权力。但是高等法院没有实权，因为只要国王亲自出席会议，敕令就一定要作为法律登记下来。法国大革命时期这种高等法院于1790年被解散。
② 比·茹·巴罗什。

厂开工，粮价低廉，食品丰富，储蓄银行每天都收到新存款。议会所喧嚷的"非常措施"，不过是在1月18日通过了对内阁的不信任案罢了，而关于尚加尔涅将军连提都没有提到。秩序党不得不这样来提出自己的不信任案，是为了保证自己取得共和党人的票数，因为在内阁的一切措施中共和党人只赞成尚加尔涅被撤职一项，而秩序党实际上也不能非难其余的措施，因为这些措施是它自己迫使内阁采取的。

1月18日的不信任案以415票对286票通过，就是说，只是由于极端的正统派和奥尔良派同纯粹共和党人和山岳党人的**联合**才得以通过。这就证明，秩序党不只失去了内阁，不只失去了军队，而且在自己和波拿巴的冲突中失去了自己的独立的议会多数；由于狂热地倾向妥协，由于害怕斗争，由于软弱，由于顾及亲属而眷恋国家薪俸，由于指望获得阁员的空缺（如奥迪隆·巴罗），由于那种经常使平庸的资产者为某种个人动机而牺牲本阶级的总的利益的庸俗的利己主义，一部分议员已经从秩序党阵营中开了小差。波拿巴派的议员们从最初起就只是在对革命进行斗争时才依附于秩序党。天主教党的首领蒙塔朗贝尔在那时已经把他个人的势力投到波拿巴方面，因为他已不相信议会党的生命力了。最后，这个党的首领们，奥尔良派的梯也尔和正统派的贝里耶，不得不公开宣称自己是共和派，不得不承认说，虽然他们的心是保皇派，而头却是共和派，议会制共和国是整个资产阶级实行统治的唯一可能的形式。一句话，他们不得不在资产阶级眼前把他们在议会背后继续努力从事的复辟计谋咒骂为危险而愚蠢的阴谋。

1月18日的不信任案是对内阁阁员的打击，而不是对总统的打击。可是撤换尚加尔涅的并不是内阁，而是总统。秩序党不应当向波拿巴本人问罪吗？不应当以他的复辟欲望作为罪名吗？可是，这种复辟欲望只不过是补充了秩序党自己的复辟欲望罢了。不应当以他在阅兵和十二月十日会中的阴谋活动作为罪名吗？可是秩序党早已把这些问题埋葬在一堆日常议程下面了。不应当以他撤换了1月29日和6月13日的英雄，即撤换了1850年5月曾威胁遇有叛乱发生时就四处放火烧光巴黎的那个人作为罪名吗？可是，秩序党的山岳党同盟者和卡芬雅克甚至根本不让它以正式表示同情来把倒台的社会中坚扶起来。秩序党自己不能否认总统拥有由宪法赋予他的撤换将军的权力。秩序党之所以气愤，只是因为总统把自己由宪法赋予的权力当作反对议会的手段。可是，秩序党自己岂不是也不断地（特别是在废除普选权时）把它的议会特权当作违反宪法的手段吗？因此，秩序党只好严格地在议会范围以内活动。1848年以来，在全欧洲大陆上流行着一种特殊的病症，即**议会迷**，染有这种病症的人就变成幻想世界的俘虏，失去一切理智，失去一切记忆，失去对外界世俗事物的一切理解——只有这种议会迷才可以说明，为什么秩党在它已亲手消灭了议会势力的一切条件并在它反对其他阶级的斗争中不得不消灭了这些条件之后，仍然把它的议会胜利看作胜利，并且以为打击了总统的内阁阁员也就是打击了总统本人。这样，秩序党只是让总统得到一次机会在国民面前重新凌辱国民议会罢了。1月20日，《通报》报道说，内阁全体辞职已被批准，波拿巴把已经没有一个议会党占据多数（这点已由1月18日的投票，即山岳党和保皇党联合产生的果实所证明），而新的多数又尚待形成作为借口，任命了一个所谓的过渡内阁，其中没有一个人是议会议员，全都是些毫不知名的和微不足道的人物，这是个纯粹由一些听差和司书组成的内阁。秩序党现在可以把自己的精力花费在跟这些傀儡打交道上面了；而行政权则不再认为自己在国民议会中需要有什么认真的发言人了。波拿巴的内阁阁员越是成为单纯的哑配角，波拿巴就越是明显地把全部行政权集中在他一人身上，越容易利用行政权来达到个人目的。

为了报复，秩序党和山岳党联合在一起否决了给予总统180万法郎补助金的提案，这个提案是由十二月十日会的首领命令他的听差阁员们提出来的。这一次，问题是由不过102票的多数票决定的，由此可见，秩序党从1月18日以来又丧失了27票；它的解体又进了一步。同时，为了使人不致对它和山岳党联合的用意发生丝毫怀疑，它甚至对189名山岳党人所署名提出的关于大赦政治犯的议案不屑一顾。只要那个叫作瓦伊斯的内务部长出来声明说,安宁只是表面的安宁,有人在加紧进行秘密鼓动,到处都有人组织秘密团体,民主报纸又准备重新出版,从各省传来不利的消息,日内瓦的流亡者正在主持一个通过里昂遍及法国南部全境的阴谋活动,法国处于工商业危机的前夜,鲁贝市的厂主们缩短了工作时间,贝勒岛①的囚犯已经骚动起来——只要瓦伊斯这么一个人唤来赤色幽灵,秩序党不经讨论就立刻否决一个将使国民议会获得极大的声望并迫使波拿巴重新投入它的怀抱的提案。秩序党本来不应当被行政权所描绘的新骚动的远景吓住,而应当让阶级斗争有些活动余地,以便把行政权控制在从属于自己的地位。可是,秩序党没有感觉到自己有能力担负这种玩火的任务。

可是,所谓的过渡内阁却一直勉强维持到4月中旬。波拿巴不断地以组织新内阁的把戏来搅扰和愚弄国民议会,他时而表示要组织一个有拉马丁和比约参加的共和党内阁,时而表示要组织一个不免要有奥迪隆·巴罗(凡是需要有个易于愚弄的蠢才时总是少不了他)参加的议会制内阁,时而又表示要组织一个有瓦蒂梅尼尔和贝努瓦·达济参加的正统派内阁,时而又表示要组织一个有马尔维尔参加的奥尔良派内阁。波拿巴用这种方法使秩序党各派之间的关系处于紧张状

---

① 贝勒岛是比斯开湾的一个岛。1849—1857年是法国囚禁政治犯的地方,1848年巴黎六月起义的参加者奥古斯特·布朗基也被囚禁在这里。

态，并以共和党内阁的出现以及因此必然会使普选权恢复的远景来恫吓整个秩序党，同时他又竭力让资产阶级相信，他组织议会制内阁的真诚努力由于保皇派集团的不调和态度而受挫。而资产阶级呢，日益逼近的普遍商业危机越是给社会主义在城市中招募信徒，而低落得招致破产的粮价越是给社会主义在农村中招募信徒，它就越是响亮地要求"强有力的政府"，越是认为使法国陷于"没有行政"的状态是不可宽恕的。商业萧条日益加重，失业者显著增多，巴黎至少有10 000名工人没有饭吃，在鲁昂、米卢斯、里昂、鲁贝、图尔宽、圣艾蒂安、埃尔伯夫等地，无数的工厂停了工。在这种情况下，波拿巴就敢于在4月11日恢复了1月18日的内阁，除了鲁埃、富尔德、巴罗什及其他先生们而外，还添进了莱昂·福适先生，这个福适先生曾因散发伪造的电讯而被制宪议会在最后几天一致（除五个内阁阁员外）投了不信任票。这样，国民议会在1月18日取得了对内阁的胜利，它和波拿巴斗了三个月，只不过是为了在4月11日让富尔德和巴罗什能够把清教徒福适当作第三者接受到自己的内阁同盟中去而已。

1849年11月，波拿巴满足于**非议会制内阁**，1851年1月他满足于**超议会制内阁**，而到4月11日，他已经觉得有充分的力量来组织一个**反议会制内阁**了，这一内阁把两个议会——制宪议会和立法议会，即共和派议会和保皇派议会所表示的不信任协调地结合在自己身上。内阁的这种演变,是议会可以用来测定其体温下降的温度计。这种体温到4月底已经降得非常之低,甚至佩尔西尼能够在私人谈话中建议尚加尔涅投到总统方面去。他向尚加尔涅保证:波拿巴认为国民议会的势力已经彻底消灭,并且已经拟定了预备在政变后发表的宣言,这个政变已经经过深思熟虑,只是由于偶然的原因才又延迟下来。尚加尔涅把这个讣告通知了秩序党的首领们。但是谁会相信臭虫咬人能置人于死命呢?议会虽然已经虚弱无力,完全瓦解,奄奄一息,但是它毕竟还不能使自己把和十二月十日会的小丑一般的头子的决斗看作一种不同于和臭虫的决斗。然而波拿巴像阿革西拉乌斯回答国王亚奇斯那样回答了秩序党:"**你把我看作蚂蚁,但是总有一天我会成为狮子的。**"①

六

秩序党在徒劳地力图保持军权和夺回已经丧失的对于行政权的最高领导权时,不得不去跟山岳党和纯粹共和党人进

————
① 马克思在这里套用了古希腊作家阿泰纳奥斯(2—3世纪)的著作《哲人宴》中的一个情节。埃及法老泰俄斯讥笑带兵前来支援他的斯巴达王阿革西拉乌斯身材矮小,他说:"山怀孕了,宙斯很吃惊,但山生了个老鼠。"阿革西拉乌斯回答说:"你把我看作老鼠,但是总有一天我会成为狮子的。"

行联合,这就确凿地证明,秩序党已经失去了独立的**议会多数**。仅仅是日历的力量、钟表的时针,在5月28日发出了秩序党彻底瓦解的信号。5月28日是国民议会生命的最后一个年头的开始。国民议会现在必须解决一个问题:原封不动地保存宪法呢,还是把它加以修改。但是,修改宪法就不只意味着是资产阶级统治还是小资产阶级民主派统治,是民主主义还是无产阶级无政府状态,是议会制共和国还是波拿巴,而且意味着是奥尔良王朝还是波旁王朝!这样,在议会内部就出现了厄里斯的金苹果,秩序党内利益彼此矛盾的各个敌对派别将围绕着它展开公开的斗争。秩序党是各种不同社会成分的结合体。修改宪法的问题造成了一种政治热度,它使这个产物重又分解为它原来的各个构成部分。

波拿巴派关心修改宪法的原因很简单。他们首先想废除禁止再度选举波拿巴的第45条和延长他的权力期限。共和派的立场也很简单。他们无条件地反对任何修改,认为修改宪法是反对共和国的周密的阴谋。因为他们在国民议会中拥有1/4以上的票数,而依照宪法又必须要有3/4的票数赞成才能合法地决定修改宪法和召集修改宪法的专门会议,所以他们只要计算一下自己的票数,就可以相信自己必获胜利了。他们当时确实是相信自己一定要胜利的。

和这些明显的立场相反,秩序党陷入了无法解决的矛盾中。如果它拒绝修改宪法,它就会使现状受到威胁,因为这样就会使波拿巴只有使用暴力一个出路，并且会使法国在1852年5月的第二个星期日这个决定时刻听任革命的无政府状态摆布，那时，总统是失去了权力的总统，议会是早已没有权力的议会，人民则是企图重新争得权力的人民。如果它投票支持按照宪法修改宪法，那么它知道它的表决是枉然的，它的表决一定会被共和派按照宪法进行的否决所推翻。如果它违背宪法而宣布说只要有简单多数通过就够了，那么它就只有在自己完全服从行政权的条件下才能希望制服革命；这样它就把宪法、宪法的修改和它本身一并交给波拿巴掌握了。为延长总统权力而作局部的修改，将为帝制派篡夺权力开辟道路。为缩短共和国寿命而作全面的修改，又必然会引起各个王朝的要求之间的冲突，因为波旁王朝复辟的条件和奥尔良王朝复辟的条件不仅各不相同，而且是互相排斥的。

议会制共和国已不仅是法国资产阶级中的两派（正统派与奥尔良派，即大地产与工业）能够平分秋色的中立地盘。它并且是他们共同进行统治的必要条件，是他们的共同阶级利益借以支配资产阶级各派的要求和社会其他一切阶级的唯一的国家形式。作为保皇派，他们又重新陷入他们旧有的对抗状态，卷入地产和金钱争夺霸权的斗争，而这种对抗状态的最高表现，这种对抗状态的化身，就是他们各自的国王，他们各自的王朝。正因为如此，秩序党总是反对**召回波旁王族**。

奥尔良派的人民代表克雷通,在1849年、1850年和1851年曾定期地建议废除放逐王族的法令。议会同样定期地表演保皇派集会顽强地阻挡其被逐国王返国的场面。理查三世在杀死亨利六世以前曾对他说,他太好了,这个尘世容纳不了他,他的位置在天上①。保皇派认为法国太坏了,不能再有自己的国王。形势迫使他们成为共和派并屡次批准人民作出的把他们的国王逐出法国的决定。

修改宪法(而这个问题由形势所迫又非讨论不可)不仅会使共和国成为问题,而且会使资产阶级两派的共同统治成为问题;不仅会使君主国有恢复的可能,而且会复活曾在君主国中轮流占有特权地位的那些利益集团之间的竞争,复活资产阶级两派之间争夺霸权的斗争。秩序党的外交家们希望以两个王朝的结合,即以各个保皇派和它们的王室的所谓**融合**来中止这一斗争。复辟王朝和七月王朝的真正融合便是议会制共和国,在这一共和国中,奥尔良派和正统派双方的色彩都脱落了,各类的资产者都消融为一般的资产者,消融为资产者这个类属了。现在奥尔良派应当变成正统派,正统派应当变成奥尔良派。体现着他们的互相对抗的君主国,应当成为他们彼此统一的化身;他们互相排斥的派别利益的表现,应当成为他们的共同的阶级利益的表现;君主国应当完成只

---

① 莎士比亚《理查三世》第1幕第2场。

有废除两个君主国,只有共和国才能完成和已经完成的任务。这就是秩序党的术士们绞尽脑汁制造出来的哲人之石。仿佛正统派的君主国可能在什么时候变成工业资产者的君主国,或是资产者王权可能在什么时候变成世袭土地贵族所拥有的王权。仿佛地产和工业能够在**一顶**王冠下面称兄道弟,可是王冠只能落到一个人头上——不是落到哥哥头上,就是落到弟弟头上。仿佛在地产还没有决心自动变成工业财产以前,工业可以完全和地产和解。如果亨利五世明天逝世,巴黎伯爵仍然不会成为正统派的国王,除非他不再作奥尔良派的国王。但是,从事融合的哲人随着宪法修改问题被提到首位而自我膨胀起来,把《国民议会报》变成自己的正式的机关日报,并且现在(1852年2月)又在努力活动——这些哲人认为一切困难都是由于两个王朝的对抗和竞争。想使奥尔良王室和亨利五世和解的企图,从路易-菲力浦逝世时就已经开始,但这种企图也像只是在国民议会休会期间,在幕间小节目中,在后台进行的一切王朝阴谋一样,与其说是郑重的事情,不如说是对旧日迷信的卖弄风情,这种企图现在已经变成大型政治历史剧,秩序党已经不像以前那样把它当作票友戏,而是把它搬上公开的舞台。信使不断从巴黎奔到威尼斯[①],再从威尼斯奔到克莱尔蒙特,又从克莱尔蒙特奔到巴

---

① 19世纪50年代为尚博尔伯爵的驻地。

黎。尚博尔伯爵发表了一个宣言,他在这个宣言中"靠他全家族的支持",宣布"国民的",而不是他自己的复辟。奥尔良派的萨尔万迪跪倒在亨利五世脚下,正统派的首领贝里耶、贝努瓦·达济和圣普里跑到克莱尔蒙特去劝说奥尔良王室,但是徒劳无功。融合派在太晚的时候才觉察到,资产阶级两派的利益既然集中地表现为家族利益即两个王室的利益,那么它们的利益就会互相排斥,而不会互相通融。假定亨利五世承认巴黎伯爵是他的继承人(这是融合派在最好的场合所能指望的唯一成就),那么奥尔良王室除了因亨利五世没有后嗣本来就一定能够获得的东西外,并不会得到别的权利,可是它会因此丧失它从七月革命获得的一切权利。奥尔良王室将放弃自己旧日的要求,放弃它在差不多100年的斗争中从波旁王室长系手里夺得的一切权利,它将要为了宗族的特权而放弃自己的历史特权,即现代君主国的特权。所以,融合无非就是奥尔良王室自愿退让,向正统派让权,忏悔地从新教国教后退到天主教国教。这种后退甚至不可能把奥尔良王室送上它所失去的王位,而只能把它送上它诞生时所占据的王位的台阶。旧日的奥尔良派阁员基佐、杜沙特尔等人,也赶快跑到克莱尔蒙特那里去为融合游说,实际上他们只是表现了七月革命后的沮丧,表现了对资产者王权和资产者所拥有的王权的失望,表现了对正统派的迷信,把它作为防止无政府状态的最后的护符。他们自命为奥尔良王室和波旁王室之间的调停者，事实上他们只不过是奥尔良派的变节分子，而茹安维尔亲王就是把他们当作这种人来看待的。然而，奥尔良派富有生命力的、好战的那部分人，如梯也尔、巴兹等，却因此更容易使路易-菲力浦家族确信，既然君主制的任何直接的复辟都要以两个王朝的融合为前提，而任何这样的融合又都要以奥尔良王室引退为前提，那么，暂且承认共和国，等到事变允许把总统的安乐椅变成王位时再说，这样做是和他们先辈的传统完全相适合的。起初有传言说茹安维尔要当共和国总统的候选人，公众的好奇心被激发起来了，过了几个月，到9月间，在宪法修改案已被否决以后，这个候选人就被公开宣布了。

这样一来，奥尔良派和正统派之间搞保皇主义融合的企图，不仅遭到了失败，而且还破坏了他们在**议会中的融合**，破坏了把他们联合起来的共和国形式，把秩序党又分解成原来的各个构成部分。但是，克莱尔蒙特和威尼斯之间越是疏远，它们之间的关系越是近于决裂，有利于茹安维尔的煽动越是加紧，波拿巴的内阁阁员福适和正统派之间的谈判，也就越是热烈，越是认真了。

秩序党的解体还不止于它分解成原来的构成部分。这两大派别中的每一派，又都继续分解下去。看来，先前两大营垒中的每一个营垒（不论是正统派或奥尔良派）内部曾经互相斗争互相排斥的一切旧有色彩，如同干纤毛虫碰到了水一样,又都重新活起来了。看来,他们又重新获得了充分的生命力,能够形成具有互相对立的独立利益的各个派别了。正统派在梦中回味土伊勒里宫和马松阁之间的争吵、维莱尔和波林尼雅克之间的争吵①。奥尔良派重温基佐、摩莱、布罗伊、梯也尔和奥迪隆·巴罗之间比武的黄金时代。

秩序党中有一部分人赞成修改宪法,可是对于修改的范围,他们的意见并不一致。在这一部分人中,有贝里耶和法卢为一方所领导和拉罗什雅克兰为另一方所领导的正统派,有摩莱、布罗伊、蒙塔朗贝尔和奥迪隆·巴罗领导的那些在斗争中疲倦了的奥尔良派;这一部分人和波拿巴派的议员一致提出了如下一个含义广泛而不明确的建议:

"下面署名的议员建议把宪法加以修改,目的在于把完全实现国民主权的可能性还给国民。"

同时,这些议员通过自己的报告人托克维尔一致声称:国民议会无权建议**废除共和国**,这个权利只能属于为修改宪法而召集的议会。此外,他们声称,宪法只能在"**合法的**"

---

① 指复辟时期正统派阵营中在策略上的意见分歧。路易十八和让·维莱尔主张谨慎从事,而达尔图尔伯爵(1824年起为国王查理十世)和茹·波林尼雅克却不顾法国局势的变化,主张完全恢复革命前的秩序。

巴黎的土伊勒里宫是路易十八的皇宫,马松阁是宫里的建筑之一,复辟时期是达尔图尔伯爵的府邸。

基础上，就是说，只有在按照宪法规定的3/4的多数票赞成修改时才能修改。经过六天的激烈讨论之后，7月19日，宪法修改案果然被否决了。赞成修改的有446票，反对修改的有278票。极端的奥尔良派梯也尔、尚加尔涅等人在表决时和共和派及山岳党采取了一致行动。

这样，议会的多数表示反对宪法，而宪法本身却表示拥护议会的少数，认为议会少数的决议具有约束力。可是，秩序党在1850年5月31日和1849年6月13日岂不都曾经把议会多数置于宪法之上吗？它以前的全部政策岂不都是以宪法条文服从议会多数决议为基础的吗？它不是曾经让民主派以迷信旧约的态度去对待法律的字眼，并因为这种迷信而处罚了民主派吗？可是目前，修改宪法无非就是要延长总统掌权的期限，而延长宪法的寿命无非就是要罢免波拿巴。议会表示拥护波拿巴，但是宪法表示反对议会。所以，当波拿巴撕毁宪法时，他的行动是合乎议会精神的，而当他解散议会时，他的行动又是合乎宪法精神的。

议会宣布宪法，同时也就是宣布议会本身的统治处在"多数之外"；议会以自己的决议废除了宪法，延长了总统掌权的期限，同时也就是宣布说，当它本身还继续存在时，宪法既不能死亡，总统的权力也不能生存。它未来的掘墓人已经站在门前了。当议会正忙于讨论修改宪法的问题时，波拿巴撤销了表现得不坚决的巴拉盖·狄利埃将军第一师指挥官的职务,任命马尼昂将军继任该职,这位将军是里昂的胜利者[①],十二月事变的英雄,波拿巴的爪牙之一,早在路易-菲力浦时期就由于布洛涅征讨事件多多少少地替波拿巴出了丑。

秩序党关于修改宪法的决议表明,它既不能统治,又不能服从;既不能生,又不能死;既不能容忍共和国,又不能推翻共和国;既不能维护宪法,又不能废除宪法;既不能和总统合作,又不能和总统决裂。它究竟是期待谁来解决一切矛盾呢?期待日历,期待事变的进程。它不再相信自己有能力控制事变。这样,它就把自己交给事变支配,交给一种力量支配,它在反对人民的斗争中已经向这种力量让出了一个又一个属性,直至它自己在这种力量面前变得毫无权力为止。为了使行政权的首脑能够更顺利地定出对付它的战斗计划,加强自己的进攻手段,选择自己的工具和巩固自己的阵地,秩序党就在这个紧急关头决定退出舞台,使议会从8月10日到11月4日休会三个月。

不仅议会党分裂为原来的两大集团,不仅其中的每一个集团又各自再行分裂,而且议会内的秩序党和议会外的秩序党也分裂了。资产阶级的演说家和作家,资产阶级的讲坛和报刊,一句话,资产阶级的思想家和资产阶级自己,代表者

---

① 在巴黎1849年6月13日起义的影响下,里昂工人于6月15日举行了一次武装起义。这次起义经过8小时的战斗,最后被贝·马尼昂将军指挥的军队镇压下去。

和被代表者，都互相疏远了，都不再互相了解了。

外省的正统派，由于眼界狭小和过分热情，责备他们的议会领袖贝里耶和法卢投奔波拿巴阵营和背叛了亨利五世。他们的百合花①的头脑只相信造孽行为，不相信外交手腕。

商业资产阶级和它的政治家之间的分裂，更加危险，更具有决定的意义。正统派责备自己的政治家背弃了原则，而商业资产阶级却正好相反，责备自己的政治家忠实于已经变得无用的原则。

前面我已经指出，自从富尔德加入内阁以来，那一部分在路易-菲力浦时期握有绝大部分权力的商业资产阶级，即**金融贵族**，已经变成波拿巴派了。富尔德不仅在交易所中维护波拿巴的利益，而且也在波拿巴面前维护交易所的利益。关于金融贵族的态度，他们的欧洲机关刊物即伦敦的《经济学家》杂志中的一段话作了最贴切的说明。这个杂志在1851年2月1日那一期上发表了如下的巴黎通讯：

"现在我们从各方面都得到证实，法国要求的首先是安宁，总统在他致立法议会的咨文中声明了这一点；国民讲台上也有人响应了这一点；报纸上再三重复说到这一点；教堂的教坛上也宣扬这一点；**国家证券对于最小的破坏安宁的事件的敏感以及它们在行政**

---

① 波旁王朝的徽号。

权每次胜利时的稳定,也证明这一点。"

《经济学家》杂志在1851年11月29日那一期上以自己的名义宣称:

"在欧洲所有的证券交易所中,总统现在已被公认为秩序的卫士。"

可见金融贵族指责秩序党对行政权进行的议会斗争是**破坏秩序**,而把总统每次对它那些所谓的代表们的胜利当作**秩序的胜利**来欢呼。这里所说的金融贵族,应当理解为不只是那些大国债经纪人和大国家证券投机者,这些人的利益当然是和国家政权的利益相吻合的。全部现代金融业,全部银行业,都是和社会信用极为密切地联系在一起的。银行的部分营业资本必然要投入容易兑现的国家证券以收取利息。银行存款,即交给银行并由银行在商人和工业家之间分配的资本,有一部分是从国家债权人的红利中得来的。既然在一切时代国家政权的稳定对整个金融市场和这种金融市场的牧师们来说是摩西和先知,那么现在,当任何大洪水都有把旧的国家连同旧的国债一并从地面上冲掉的危险时,又怎能不是这样呢?

狂热地渴望秩序的**工业资产阶级**,也因议会内的秩序党和行政权发生争吵而感到烦恼。梯也尔、昂格勒斯、圣贝夫等人在1月18日因尚加尔涅免职事件投票以后，也受到他们的选民们（而且正是工业区的选民）的公开谴责，特别是他们跟山岳党成立联盟的行为被指斥为背叛秩序。如果说，像我们所已经看到的，秩序党和总统的斗争不过是些言过其实的嘲弄和琐屑无聊的攻讦，不配受到好的待遇，那么，另一方面，对这部分要求自己的代表们顺从地把军权从自己的议会手中奉送给冒险的王位追求者去掌握的资产阶级，就连那些曾为他们的利益而采用过的攻讦手段也不值得采取了。这部分资产阶级表明，为了保持他们的**公共**利益、他们**本阶级的利益**、他们的**政治权力**而进行的斗争，是有碍于他们私人的事情的，因而只是使他们感到痛苦和烦恼。

当波拿巴巡游各地时，外省城市的资产阶级显贵、市政官员、商业法庭的法官等等，到处都几乎毫无例外地以极卑屈的态度迎接他，甚至当他在第戎公开地攻击国民议会，特别是攻击秩序党的时候，也是这样欢迎他。

当商业情况良好的时候（1851年初还是这样），商业资产阶级狂暴地反对任何议会斗争，生怕这种斗争会使商业吃亏。当商业情况不好的时候（从1851年2月底起已成为经常现象了），商业资产阶级就抱怨议会斗争是商业停滞的原因，并要求为了活跃商业停止这种斗争。关于修改宪法的讨论恰好发生在这种不好的时期。因为当时涉及到现存国家制度的生死存亡问题，所以资产阶级就更有理由要求它的代表们终止这种痛苦的过渡状态，同时又保持现状。这里面没有任何矛盾。它所理解的终止过渡状态，正是延长过渡状态，将应当作出决断的时刻拖延到遥远的将来。保持现状只能有两种方法：一是延长波拿巴掌权的期限，一是让波拿巴按照宪法退职，选出卡芬雅克来。一部分资产阶级倾向于后一种解决方法，可是他们除了叫他们的代表保持沉默，不去触动这个迫切的问题以外，提不出更好的建议。他们以为，如果他们的代表不出来讲话，波拿巴就不会行动了。他们希望有一个为了不让人看见而把头藏起来的鸵鸟议会。另一部分资产阶级希望让已经坐在总统位子上的波拿巴留任总统，一切照旧不变。他们感到愤慨的，是他们的议会不愿意公开违背宪法和率直地放弃权力。

在国民议会休会期间，从8月25日起召开的各省委员会（大资产阶级的地方代议机关），几乎一致表示赞成修改宪法，即反对议会，拥护波拿巴。

资产阶级对于自己的著作界代表和自己的报纸所表现的愤怒，比它跟**议会代表们**的破裂更为明显。只要资产阶级的新闻记者抨击一下波拿巴篡夺权力的欲望，只要报刊企图保护一下资产阶级的政治权利不受行政权侵害，资产者陪审团就判处数额异常巨大的罚款和不光彩的监禁，这种情况不仅使法国，而且使整个欧洲都感到惊愕。

前面我已经指出，**议会内的秩序党**由于叫嚣要安静而自己也得安静下来，它在反对其他社会阶级的斗争中亲手取消了自己的制度即议会制度的一切条件，从而宣布资产阶级的政治统治同资产阶级的安全和生存是不相容的，相反，**议会外的资产阶级群众**，却对总统奴颜婢膝，诋毁议会，粗野地对待自己的报刊，从而促使波拿巴压制和消灭资产阶级中讲话和写文章的分子，即资产阶级的政治家和著作家、资产阶级的讲坛和报纸，而所有这一切都是为了使它能够在不受限制的强硬的政府保护下安心地从事他们私人的事情。它毫不含糊地声明说，它渴望摆脱自己的政治统治地位，以便摆脱这种统治地位带来的麻烦和危险。

这个议会外的资产阶级，对于为它本阶级的统治而进行的单纯的议会斗争和文字斗争，就曾表示激愤，并且出卖了这一斗争的领袖人物；但是现在它却敢于在事后责备无产阶级没有为它进行流血斗争，进行殊死的斗争！这个资产阶级时刻都为最狭小最卑鄙的私人利益而牺牲自己的全阶级的利益即政治利益，并且要求自己的代表人物也作同样的牺牲；但现在它却哀叫无产阶级为了自己的物质利益而牺牲了它的理想的政治利益。它装得像个好心肠的人，被社会主义者引入歧途的无产阶级不了解它，并且在紧要关头抛弃了它。它的这种哀叫在整个资产阶级世界中得到了普遍的赞赏。自然，这里我不是指德国那些小政客和浅学之辈。我指的是例如

《经济学家》那个杂志。这个杂志在1851年11月29日,即政变前四天还宣布波拿巴是"秩序的卫士",而梯也尔和贝里耶是"无政府主义者",在1851年12月27日,在波拿巴驯服了这些无政府主义者之后,它又大叫大喊,说什么"无知的、没有教养的、愚蠢的无产阶级群众"背叛了"社会中等和上等阶层的才能、知识、纪律、精神影响、智力源泉和道德威望"。愚蠢、无知和卑鄙的一群不是别人,正是资产阶级本身。

的确,法国在1851年是遭受了一次小小的商业危机。2月底,出口比1850年减少了;3月,商业衰落,工厂关闭;4月,各工业省的情况好像和二月事变后一样令人失望;5月,情况还没有好转;6月28日,法兰西银行的结算还是以存款数量猛增和贴现数量锐减表明了生产的停滞;直到10月中旬,情况才逐渐好转。法国资产阶级把这种商业停滞说成是纯粹由于政治原因,由于议会和行政权之间的斗争,由于临时的国家形式的不稳定,由于1852年5月第二个星期日[①]的可怕远景。我并不否认所有这些情况都对巴黎和各省的某些工业部门的衰落有影响。但是,无论如何这种政治局势的影

---

① 按照1848年11月4日宪法规定,法兰西共和国总统任期为四年,新总统的选举在5月的第二个星期日举行。即将离任的总统不能参加竞选。1852年5月的这一天,路易·波拿巴的总统任期届满。小资产阶级民主派,特别是流亡者,希望民主党派在这一天能够上台执政。

响只是局部的，而且是很微小的。商业开始好转正是在10月中旬，恰好是在政治局势恶化、政治的地平线上笼罩着乌云、每分钟都可能从爱丽舍园打来霹雳的时候，这还不足以说明问题吗？虽然法国的资产者所具有的"才能、知识、洞察力和智力源泉"越不出他们自己的鼻尖，但是他们在伦敦工业博览会①整个会期内总能用鼻子触到自己的商业情况不利的原因吧。当法国工厂关闭的时候，英国爆发了商业破产。法国在4月和5月达到顶点的是工业恐慌，而英国在4月和5月达到顶点的则是商业恐慌。无论是在法国或英国，毛纺织业和丝纺织业的情况都很不妙。虽然英国的棉纺织工厂还在继续生产，但是它们所获得的利润已不像1849年和1850年那样大了。不同点只在于法国发生的是工业危机，而英国发生的则是商业危机；法国是工厂关闭，而英国则是生产扩大，不过是在不如前几年那样顺利的条件下扩大的；在法国，受打击最重的是出口，在英国是进口。其共同原因（当然不应在法国政治地平线的范围内去寻找）是显而易见的。1849年和1850年是物质大繁荣和过度生产的两个年头，这种过度生产本身直到1851年才显露出来。这年年初，过度生产因工业博览会即将举行而特别加重了。除此以外，还有下面一些特殊情况：起初是1850年和1851年的棉花歉收，然后是人们确

---

① 伦敦工业博览会是1851年5—10月举行的第一届世界工商业博览会。

信棉花的收成会比预期的好,棉价起初是上涨,后来突然跌落,——一句话,就是棉价涨跌不定。生丝产量至少在法国是低于中等产量。最后是毛纺织业自1848年以来飞速发展,使得羊毛的生产跟不上去,而原毛的价格上涨与毛纺织品的价格相比非常不相称。这样,我们就在上述三个世界性工业部门所需的原料方面找到引起商业停滞的三重原因。除了这些特殊情况以外,1851年的表面上的危机,无非是在过度生产与过度投机还未用尽所有力量疯狂地跑过工业循环的最后阶段并重新回到自己的出发点——即回到**普遍的商业危机**去以前,在工业循环中经常与它们相伴而生的一种停顿。在商业史上的这种间隙时期中,英国发生了商业的破产,而法国却是工业本身陷于停顿,这一方面是由于当时法国工业已经经受不住英国人的竞争而被排挤出所有的市场,另一方面是由于法国工业是奢侈品工业,每当出现商业的停滞,它都首当其冲。这样一来,法国除了普遍危机之外,还经受本国的商业危机,不过,这种商业危机为世界市场一般情况所决定和制约的程度,比它受法国地方影响决定和制约的程度要大得多。这里不妨把英国资产者的推断拿来和法国资产者的偏见对比一下。利物浦的一家大商行在1851年度的商业报告中写道:

"很少有哪一年像刚刚过去的这一年这样辜负年初对它所寄托的

希望了。这一年不但没有大家一致预期的大繁荣,反而成了最近25年来最令人沮丧的年头。这自然只是对商业阶级,而不是对工业阶级而言。可是,在这年年初,无疑是有可靠的根据来预期相反的情形:产品贮藏很少,资本充足,食品价格低廉,秋季丰收在望;在大陆有稳固的和平,在本国又没有任何政治上或财政上的困难,的确,看来商业是完全可以展翅高飞的……这一不幸的结果究竟应归罪于什么呢?我们认为应归罪于进出口**贸易额过分庞大**。如果我们的商人自己不把自己的活动限制在较狭小的范围内,那么,除了三年一度的恐慌以外,什么东西也不会使我们保持均衡。"

现在我们想象一下法国资产者在这种商业恐慌中的情形:他们的生意经的病态头脑每天都被这样一些东西所折磨、搅扰和麻痹,这就是关于政变和恢复普选权的种种谣传、议会和行政权的斗争、奥尔良派和正统派的攻讦、法国南部共产主义的密谋活动、涅夫勒省和谢尔省臆想的农民起义、各个总统候选人的自吹自擂、报纸上各种大肆宣扬的口号、共和派要以武力保卫宪法和普选权的威胁、流亡国外的英雄们预告1852年5月的第二个星期日将是世界末日的文告,——这样我们就可以理解,为什么资产者在融合、修改、延期、宪法、密谋、联合、亡命、篡权和革命等难以形容的喧嚣的混乱中气急败坏地向自己的议会制共和国喊道:**"没有终结的恐怖,还不如有恐怖的终结!"**

波拿巴懂得这种喊声。由于债权人急躁难耐的情绪日益增长,他的理解力更加敏锐了,这些债权人发觉,太阳每一落山,总统任期的最后一天即1852年5月的第二个星期日就愈益接近,这是天上星辰的运动在反对他们的地上的票据。债权人变成了真正的占星家了。国民议会使波拿巴丧失了靠宪法来延长其掌权期限的希望,茹安维尔亲王的候选人资格已不允许他再犹豫动摇了。

如果说有过什么事变在它尚未到来之前老早就把自己的影子先投射过来的话,那么这就是波拿巴的政变了。波拿巴早在1849年1月29日,即在他当选刚过一个月的时候,就已向尚加尔涅提出了这种建议。关于政变的政策,他自己的内阁总理奥迪隆·巴罗在1849年夏天委婉地谈到过,而梯也尔则在1850年冬天公开地揭露过。1851年5月,佩尔西尼曾经再度企图取得尚加尔涅对于政变的赞助,而《国民议会通报》公布了这些谈判。每逢议会发生风波时,波拿巴派的报纸就以政变相威胁;危机越是接近,它们的声调就越放肆。在波拿巴每夜和打扮成绅士淑女的骗子举行的狂宴上,一到午夜,当豪饮使他们畅谈起来并激起他们的幻想时,政变总是指定在第二天早晨举行。剑拔出来,酒杯相碰,议员被抛出窗外,皇袍加在波拿巴身上,而一到早晨,幽灵便又消失,吃惊的巴黎从直率的修女和不慎重的武士们的口里才知道它又渡过了一次危险。在9月和10月两个月间,关于政变的谣传一刻也没有停息过。影子像彩色的银版相片一样已蒙上了各种色彩。只要翻一翻9月和10月的欧洲报纸，就可以找到这类情况的报道："巴黎到处流传着政变的谣言。听说首都今天夜间就要被军队占领，而明天早晨就会有解散国民议会、宣布塞纳省戒严、恢复普选权并诉诸人民的法令出现。听说波拿巴正在寻找阁员来执行这些非法的法令。"提供这些消息的报道总是以不祥的"**延期**"一语结束。政变始终是波拿巴的固定观念。他是抱着这个观念重回法国的。他为这个观念所控制，以致经常流露于言谈之间。他十分软弱，因此又经常放弃这个观念。对巴黎人来说，这个政变的影子像幽灵一样习以为常，以致最后当这个政变有肉有血地出现时，巴黎人还不愿意相信它。可见，政变之所以成功，根本不是由于十二月十日会的头子严守秘密和国民议会方面受到没有预料到的袭击。不管**波拿巴**怎样泄露秘密，不管国民议会怎样事先完全知悉内情，这个政变都是会成功的，因为这是先前的事变进程的必然而不可避免的结果。

10月10日，波拿巴向内阁阁员们宣布他决定恢复普选权；10月16日内阁阁员辞职；10月26日巴黎知道了托里尼内阁组成的消息。同时，警察局长卡尔利埃由莫帕代替，而第一师师长马尼昂把最可靠的团队调到了首都。11月4日国民议会宣布复会。国民议会除了把它已学过的课程按简单扼要的提纲复习一遍并表明它只是在死后才被埋葬之外，是别无他事可做了。

国民议会在和行政权斗争时所失掉的第一个阵地就是内阁。国民议会不得不以完全承认纯系摆样子的托里尼内阁而庄严地承认这个损失。当日罗先生以新内阁名义向常任委员会作自我介绍时,常任委员会报之以嘲笑。这么一个软弱的内阁竟敢来执行像恢复普选权这样强硬的措施!可是,全部问题正是在于什么事情也**不通过议会**,一切事情都**违背议会**。

国民议会在它复会的当天就接到了波拿巴的咨文,在咨文中他要求恢复普选权和废除1850年5月31日的法律。当天他的阁员们就提出了这种内容的法令。国民议会立即否决了阁员们的紧急提案,而在11月13日以355票对348票否决了这个法律本身。这样,议会就再度撕毁了自己的委任状,又一次证实它已从自由选出的人民代议机关变成了一个阶级的篡权议会,再度承认它自己割断了联结议会头部和国民身躯的肌肉。

如果说行政权建议恢复普选权是表示从诉诸国民议会转向诉诸人民,那么立法权通过它的议会总务官法案则是表示从诉诸人民转向诉诸军队了。国民议会是想通过这个法案来确立自己直接调动军队的权利,确立自己创建议会军的权利。国民议会就这样一方面指定军队来充当自己和人民之间、自己和波拿巴之间的仲裁者,承认军队是国家的决定性力量,另一方面它也不得不肯定,它自己早已放弃统率这种力量的要求了。它不是立刻调动军队,而是把自己调动军队的权利当成讨论的题目,这就暴露了它对于自己的力量的怀疑。它否决了议会总务官法案,于是就公开承认了自己的软弱无力。这个法案因为只得到108票的少数而失败了。山岳党决定了它的命运。当时山岳党所处的地位就像布利丹的驴子①一样,不同的地方只在于不是要在两袋干草之间决定哪一边诱惑力更大,而是要在两顿棒打之间决定哪一边打得更痛。一边怕尚加尔涅,另一边怕波拿巴。老实说,这种处境决不是英雄好汉的处境。

11月18日,有人对秩序党提出的市镇选举法提出了一个修正案,规定市镇选举人在选区内居住的期限不是三年,而是一年。这个修正案被仅仅一票的多数否决了,但是立刻就发现这一票是废票。秩序党由于分裂成各个敌对的派别,早就丧失了自己的独立的议会多数。这时它表明,议会内根本没有什么多数可言了。国民议会**丧失了通过决定的能力**。已经没有什么聚合力能够把它的原子般的构成部分再结合在一起,它已经断了气,它已经死了。

最后,在大难临头的前几天,议会外的资产阶级群众又一次庄严地证实自己已与议会内的资产阶级决裂。梯也尔这个议会英雄特别严重地患了议会迷这个不治之症,他在议会

---

① 布利丹的驴子这句俗语出自14世纪法国经院哲学家布利丹在论述意志自由问题时讲的一个故事:一头驴在两个完全相同的草堆之间,无法进行选择,结果只好饿死。

死后还协同国务会议想出了一个新的议会阴谋——制定责任法，把总统牢牢地约束在宪法范围之内。波拿巴在9月15日巴黎的新的集市大厅举行奠基典礼时，简直像马赞尼洛那样把那些女商贩和卖鱼女人迷惑了一番（不错，一个卖鱼女人的实际力量等于17个卫戍官）；在议会总务官法案提出之后，他曾使他在爱丽舍宫设宴招待的那些尉官们喜出望外，同样，到了11月25日，他又把聚会在马戏场想从他手中领取伦敦工业博览会奖章的工业资产阶级吸引过来了。现在我把《辩论日报》上他的演说中最典型的一段话引录如下：

"这样出乎意料的成绩使我有权再说一遍，如果法兰西共和国有可能关心自己的实际利益和改组自己的机构，而不是一再容忍蛊惑者和君主主义幻想的骚扰，那么法兰西共和国该是多么伟大啊。（圆形剧场里到处响起雷鸣般的暴风雨般的经久不息的掌声。）君主主义的幻想妨碍任何进步和一切重要的工业部门。没有进步，只有斗争。我们看到，从前热烈拥护国王的权威和特权的人，现在成为国民公会的党徒，只求削弱从普选权中产生的权威。（掌声雷动，经久不息。）我们看到，从前吃革命的苦头最多和最怨恨革命的人，现在却煽动新的革命，而这一切都只是为了要束缚国民的意志……我保证你们将来能得到安宁等等，等等。（'好！好！'暴风雨般的叫好声。）"

工业资产阶级就这样卑屈地鼓掌欢迎了12月2日的政变，

欢迎了议会的灭亡,欢迎了自己的统治地位的毁灭和波拿巴的独裁。12月4日轰隆的炮击声①报答了11月25日轰隆的鼓掌声,而鼓掌鼓得最起劲的萨兰德鲁兹先生的房子挨的炮弹也最多。

克伦威尔在解散长期国会②时独自一人进入会场,从口袋里拿出表来,为的是不让国会比他所指定的期限多存在一分钟,接着就以愉快的幽默的嘲笑把每一个国会议员赶出会场。拿破仑虽然比他的榜样矮小,但他毕竟在雾月18日跑到立法机关去向它宣读了(虽然是以颤抖的声调)死刑判决书。第二个波拿巴所拥有的行政权无论和克伦威尔或拿破仑所拥有的比起来都完全不同,他不是在世界史册中,而是在十二月十日会的史册中,在刑事法庭的史册中为自己寻找榜样。他从法兰西银行窃取了2500万法郎,用100万法郎收买了马尼昂将军,用15法郎加烧酒收买一个个士兵,他像贼一样夜间

---

① 12月4日轰隆的炮击声指波拿巴派的将军圣阿尔诺率军摧毁巴黎街垒的炮击声。1851年12月2日波拿巴政变后,巴黎曾爆发了一次共和派的起义。起义的领导者是立法议会左翼议员和工人联合会秘密组织的领导人。12月4日夜在镇压这次起义时,波拿巴派的军队不仅用大炮摧毁了共和派构筑的街垒,还向过路人、窗口、阳台上的观望者任意射击。资产者的楼房,包括萨兰德鲁兹的房屋在内也遭破坏。
② 长期国会指英国资产阶级革命时期存在长达13年(1640—1653年)没有改选的一届英国国会。它是英国国王查理一世为筹集政府经费于1640年11月召开的,在英国资产阶级革命中成为立法机构和领导机构。1649年宣布处死国王,成立共和国。1653年4月,克伦威尔建立军事专政后解散。

偷偷地去跟自己的同谋者相会,命令他们闯入最危险的议会首领们的住宅,把卡芬雅克、拉莫里西埃、勒夫洛、尚加尔涅、沙尔腊斯、梯也尔、巴兹等人从床上绑架走,用军队占领巴黎各重要据点和议会大厦,第二天一早就在各处墙上张贴广告般的告示,宣告国民议会和国务会议已被解散,普选权已经恢复,塞纳省处于戒严状态。稍后,他就在《通报》上登出了一个伪造的文件,说什么在他周围已聚集了许多议会权威人士,他们已组成一个咨政会。

议会里剩下的人,主要是正统派和奥尔良派,集合在第十区市政厅内开会,反复高呼"共和国万岁!"决定罢免波拿巴,毫无成效地向站在市政厅门前张望的人群呼吁,直到最后被非洲猎兵押送到多尔塞兵营,然后又装进囚车转送进马扎斯、阿姆和万塞讷等地的监狱。秩序党、立法议会和二月革命的结局就是如此。在抓紧作结论之前,我们且把它们的历史作个简括的概述。

Ⅰ.**第一个时期**,从1848年2月24日起到5月4日止。二月时期。序幕。普遍友爱的骗局。

Ⅱ.**第二个时期**,共和国成立和制宪国民议会时期。

(1) 从1848年5月4日起到6月25日止。一切阶级对无产阶级进行斗争。无产阶级在六月事变中遭受失败。

(2) 从1848年6月25日起到12月10日止。纯粹的资产阶级共和派专政。起草宪法。宣布巴黎戒严。资产阶级专政因12月10日波拿巴当选为总统而废除。

（3）从1848年12月20日起到1849年5月28日止。制宪议会对波拿巴以及和波拿巴联合起来的秩序党进行斗争。制宪议会灭亡。共和派资产阶级遭受失败。

Ⅲ.第三个时期，立宪共和国和立法国民议会时期。

（1）从1849年5月28日起到1849年6月13日止。小资产阶级同资产阶级和波拿巴进行斗争。小资产阶级民主派遭受失败。

（2）从1849年6月13日起到1850年5月31日止。秩序党实行议会专政。秩序党以废除普选权而完成自己的统治，但失去议会制内阁。

（3）从1850年5月31日起到1851年12月2日止。议会资产阶级和波拿巴进行斗争。

（a）从1850年5月31日起到1851年1月12日止。议会失去军队总指挥权。

（b）从1851年1月12日起到4月11日止。议会重新支配行政权的企图遭到失败。秩序党失去独立的议会多数。秩序党同共和派和山岳党联合。

（c）从1851年4月11日起到10月9日止。企图修改宪法，融合和延长任期。秩序党分解为各个构成部分。资产阶级议会和资产阶级报刊同资产阶级群众最后决裂。

（d）从1851年10月9日起到12月2日止。议会和行政权公开决裂。议会正在死亡和崩溃,被自己的阶级、军队以及其余各阶级所抛弃。议会制度和资产阶级的统治覆灭。波拿巴获得胜利。对帝制复辟的拙劣可笑的模仿。

七

社会共和国在二月革命开始的时候是作为一个词句、作为一个预言出现的。1848年六月事变时,它被扼杀在**巴黎无产阶级**的血泊中,但是它像幽灵一样出现在戏剧的下几幕中。**民主共和国**登上了舞台。它在1849年6月13日和它那些四散奔逃的**小资产者**一同消失了,但是它在逃走时却随身散发了大吹大擂的广告。**议会制共和国**同资产阶级一起占据了全部舞台,在它的整个生存空间为所欲为,但是1851年十二月二日事件在联合的保皇党人的"共和国万岁!"的惊慌叫喊声中把它埋葬了。①

法国资产阶级反对劳动无产阶级的统治,它把政权送给了以十二月十日会的头目为首的流氓无产阶级。资产阶级使得法国一想到红色无政府状态的可怕前景就心惊肉跳,12月4日,当那些为烧酒所鼓舞的秩序军队根据波拿巴的命令对

---

① 在1852年版中这一段后面还有如下一段话:"社会共和国和民主共和国失败了,而议会制共和国、保皇派资产阶级的共和国已经覆灭,同样,纯粹的共和国、资产者共和派的共和国也已经覆灭。"

蒙马特尔林荫道上和意大利林荫道上的凭窗眺望的显贵资产者射击的时候，波拿巴就把这一可怕前景贴现给了资产阶级。资产阶级曾把马刀奉为神，马刀统治了它。资产阶级消灭了革命的报刊，它自己的报刊也被消灭了。它把人民的集会置于警察监视之下，它自己的沙龙也遭到了警察的监视。它解散了民主派的国民自卫军，它自己的国民自卫军也被解散了。它实行了戒严，戒严也实行到了它头上。它用军事委员会代替了陪审团，它自己的陪审团也被军事委员会代替。它把国民教育置于教士的支配之下，教士也把它置于自己的教育之下了。它不经审判就流放囚犯，它自己也未经审判就被流放了。它以国家权力镇压社会的任何运动，它自己的社会的任何运动也遭到了国家权力的镇压。它因偏爱自己的钱袋而反对自己的政治家和著作家，它的政治家和著作家也被排除了，但是它的钱袋也在它的口被封死和笔被折断后被抢劫了。资产阶级曾不倦地像圣徒阿尔塞尼乌斯对基督徒那样向革命叫喊道："Fuge, tace, quiesce! ——快跑，住嘴，安静！"波拿巴也向资产阶级叫喊道："Fuge, tace, quiesce! ——快跑，住嘴，安静！"

　　法国资产阶级早已把拿破仑的"50年后欧洲是共和制的欧洲还是哥萨克式的欧洲"[①]这个二难推理给解决了。它以

---

① 拉斯卡斯《圣赫勒拿岛回忆录》。

"哥萨克式的共和国"解决了这个二难推理。无需瑟西的魔法就把资产阶级共和国这个杰作变成一个畸形怪物了。这个共和国除了外表的体面之外,什么也没有丧失。今天的法国在议会制共和国中就具有了现成的形态。只要刺刀一戳,水泡就破了,怪物就出现在眼前。①

---

① 在1852年版中这一段话后面是这样写的:"二月革命的最近的目标是推翻奥尔良王朝和在奥尔良王朝时期当政的那一部分资产阶级。到1851年12月2日才达到这个目标。这时,奥尔良王室的大量财产,即它的影响的物质基础,被没收了。二月革命后人们所期待的,在12月以后出现了,自1830年以来那些大喊大叫弄得法国精疲力竭的人遭到监禁、流亡、撤职、放逐、缴械、嘲笑。然而在路易-菲力浦时期执政的,只是商业资产阶级中的一部分。它的其他派别形成一个王朝反对派和一个共和主义反对派,或者完全站在所谓合法国土之外。只有议会制共和国把商业资产阶级的所有派别吸收到它的国家范围里。另外,在路易-菲力浦时期,商业资产阶级排斥了占有土地的资产阶级。只有议会制共和国使他们彼此处于平等地位,让七月王朝和正统王朝联姻并把财产统治的两个时期合而为一。在路易-菲力浦时期,资产阶级的享有特权的部分将其统治隐匿于王冠之下;在议会制共和国时期,资产阶级统治在联合了它的所有的构成部分并把它的帝国扩展为它的阶级的帝国之后,赤裸裸地露出头角。因此,革命本身首先必须创造一种形式,使资产阶级统治在这种形式下可以得到最广泛、最普遍、最彻底的表现,因而也可以被推翻,再也不能站立起来。

直到这时才执行了2月宣布的对奥尔良派资产阶级,即法国资产阶级中最有生命力的派别的判决。它的议会、律师协会、商业法庭、地方代议机关、公证处、大学、讲坛和法庭、报刊和书籍、行政收入和法院诉讼费、军饷和国家租金,它的精神和肉体都被击溃了。布朗基把解散资产阶级自卫军作为向革命提出的第一个要求,曾经在2月阻挡过革命前进的资产阶级自卫军12月从舞台上消失了,万神殿又重新变成了普通的教堂。曾经把资产阶级制度的18世纪的发起人神圣化的魔法也同资产阶级制度的最后形式一起破灭了。当基佐得知十二月二日政变成功时,他宣告:C'est le trilomphe complet et définitil du Socialisme! 这是社会主义的完全而彻底的胜利! 也就是说:这是资产阶级统治的彻底而完全的灭亡。

为什么无产阶级没有拯救资产阶级呢?这个问题变成另一个问题。"

为什么巴黎无产阶级在12月2日后没有举行起义呢?

当时资产阶级的倾覆还只见之于法令,而法令还没有被执行。无产阶级的任何重大起义都会立刻使资产阶级重新活跃起来,使它和军队协调起来,这样将为工人造成第二个六月失败。

12月4日,资产者和小店主唆使无产阶级起来战斗。当天晚上,国民自卫军的几个联队答应拿着武器穿着军装到战场上来。因为资产者和小店主已经得知波拿巴在12月2日的一项命令中废除了秘密投票,命令他们在正式登记名册上把"赞成"或"反对"写在他们的名字后边。12月4日的抵抗吓坏了波拿巴。夜间他就下令在巴黎各个街口张贴了广告,宣布恢复秘密投票。资产者和小店主认为自己的目的已经达到了。次日早晨留在家里的正是小店主和资产者。

12月1日深夜,波拿巴以突然的袭击使巴黎的无产阶级失掉了它的领袖,失掉了街垒战的指挥者。这支没有指挥官的军队,由于对1848年六月事变、1849年六月事变和1850年五月事变记忆犹新,不愿意在山岳党的旗帜下作战,于是就听凭自己的先锋队即秘密团体去挽救巴黎的起义的荣誉,这种荣誉已被资产阶级如此恭顺地交给兵痞们去蹂躏,以致波拿巴后来能够用一个刻薄的理由解除了国民自卫军的武装:他担心无政府主义者滥用它的武器来反对它自己!

"这是社会主义的完全而彻底的胜利!"——基佐曾这样

评论12月2日的政变。但是，如果说议会制共和国的倾覆包含有无产阶级革命胜利的萌芽，那么它的直接的具体结果就是**波拿巴对议会的胜利，行政权对立法权的胜利，无言语的力量对言语的力量的胜利**。①在议会中，国民将自己的普遍意志提升为法律，即将统治阶级的法律提升为国民的普遍意志。在行政权面前，国民完全放弃了自己的意志，而服从于他人意志的指挥，服从于权威。和立法权相反，行政权所表现的是国民的他治而不是国民的自治。这样，法国逃脱一个阶级的专制，好像只是为了服从于一个人的专制，并且是服从于一个没有权威的人的权威。斗争的结局，好像是一切阶级都同样软弱无力地和同样沉默地跪倒在枪托之前了。

然而革命是彻底的。它还处在通过涤罪所的历程中。它在有条不紊地完成自己的事业。1851年12月2日以前，它已经完成了它的前一半预备工作，现在它在完成另一半。它先使议会权力臻于完备，为的是能够推翻这个权力。现在，当它已达到这一步时，它就来使行政权臻于完备，使行政权表现为最纯粹的形式，使之孤立，使之成为和自己对立的唯一的对象，以便集中自己的一切破坏力量来反对行政权。而当革命完成自己这后一半准备工作的时候，欧洲就会从座位上

---

① 在1852年版中这句话后面还有这样一句话："这样，旧国家的一种权力首先只是从它自身的局限中解放了出来，变成了无限制的绝对的权力。"

跳起来欢呼说：掘得好，老田鼠！[①]

　　这个行政权有庞大的官僚机构和军事机构，有复杂而巧妙的国家机器，有50万人的官吏大军和50万人的军队。这个俨如密网一般缠住法国社会全身并阻塞其一切毛孔的可怕的寄生机体，是在专制君主时代，在封建制度崩溃时期产生的，同时这个寄生机体又加速了封建制度的崩溃。土地所有者和城市的领主特权转化为国家权力的同样众多的属性；封建的显贵人物转化为领取薪俸的官吏；互相对抗的中世纪的无限权力的五颜六色的样本转化为确切规定了的国家权力的方案，国家权力的工作像工厂一样有分工，又有集中。第一次法国革命所抱的目的是破坏一切地方的、区域的、城市的和各省的特殊权力以造成全国的公民的统一，它必须把专制君主制已经开始的事情——中央集权加以发展，但是它同时也就扩大了政府权力的容量、属性和走卒数目。拿破仑完成了这个国家机器。正统王朝和七月王朝并没有增添什么东西，不过是扩大了分工，这种分工随着资产阶级社会内部的分工愈益造成新的利益集团，即造成用于国家管理的新材料，而愈益扩大起来。每一种**共同**的利益，都立即脱离社会而作为一种最高的**普遍**的利益来与社会相对立，都不再是社会成员的自主行动而成为政府活动的对象——从某一村镇的桥梁、

[①] 莎士比亚《哈姆雷特》第1幕第5场。

校舍和公共财产起,直到法国的铁路、国家财产和国立大学止。最后,议会制共和国在它反对革命的斗争中,除采用高压手段而外,还不得不加强政府权力的工具和集中化。一切变革都是使这个机器更加完备,而不是把它摧毁。那些相继争夺统治权的政党,都把这个庞大国家建筑物的夺得视为胜利者的主要战利品。

但是在专制君主时代,在第一次革命时期,在拿破仑统治时期,官僚不过是为资产阶级的阶级统治进行准备的手段。在复辟时期,在路易-菲力浦统治时期,在议会制共和国时期,官僚虽力求达到个人专制,但它终究是统治阶级的工具。

只是在第二个波拿巴统治时期,国家才似乎成了完全独立的东西。和市民社会比起来,国家机器已经大大地巩固了自己的地位,它现在竟能以十二月十日会的头目,一个从外国来的、被喝醉了的兵痞拥为领袖的冒险家做首脑,而这些兵痞是他用烧酒和腊肠收买过来的,并且他还要不断地用腊肠来讨好他们。由此便产生了怯懦的绝望和难以表述的屈辱情感,这种情感压住法国的胸膛,不让它自由呼吸。法国觉得自己似乎是被凌辱了。①

虽然如此，国家权力并不是悬在空中的。波拿巴代表一个阶级，而且是代表法国社会中人数最多的一个阶级——**小农**。

正如波旁王朝是大地产的王朝，奥尔良王朝是金钱的王朝一样，波拿巴王朝是农民的王朝，即法国人民群众的王朝。被农民选中的不是服从资产阶级议会的那个波拿巴，而是驱散了资产阶级议会的那个波拿巴。城市在三年中成功地曲解了12月10日选举的意义和辜负了农民对恢复帝国的希望。1848年12月10日的选举只是在1851年12月2日的政变中才得以实现。

小农人数众多，他们的生活条件相同，但是彼此间并没有发生多种多样的关系。他们的生产方式不是使他们互相交往，而是使他们互相隔离。这种隔离状态由于法国的交通不

---

① 在1852年版中这一段是这样写的："只是在第二个波拿巴统治时期，国家才似乎成了完全独立于社会并对它进行奴役的东西。行政权具有明显的独立性，这时它的首脑不再需要天赋，它的军队不再需要声誉，它的官僚不再需要道义上的权威，便可以合法存在。和市民社会比起来，国家机器已经大大地巩固了自己的地位，它现在竟能以十二月十日会的头目，一个从外国来的、被喝醉了的兵痞拥为领袖的冒险家做首脑，而这些兵痞是他用烧酒和腊肠收买过来的，并且他还要不断地用腊肠来讨好他们。由此便产生了怯懦的绝望和难以表述的屈辱情感，这个情感压住法国的胸膛，不让它自由呼吸。法国觉得自己似乎是被凌辱了。如果说拿破仑还勉强能够给法国留下争取自由的口实，那么第二个波拿巴再也不可能给法国留下受奴役的口实。"

便和农民的贫困而更为加强了。他们进行生产的地盘,即小块土地,不容许在耕作时进行分工,应用科学,因而也就没有多种多样的发展,没有各种不同的才能,没有丰富的社会关系。每一个农户差不多都是自给自足的,都是直接生产自己的大部分消费品,因而他们取得生活资料多半是靠与自然交换,而不是靠与社会交往。一小块土地,一个农民和一个家庭;旁边是另一小块土地,另一个农民和另一个家庭。一批这样的单位就形成一个村子;一批这样的村子就形成一个省。这样,法国国民的广大群众,便是由一些同名数简单相加形成的,好像一袋马铃薯是由袋中的一个个马铃薯所集成的那样。数百万家庭的经济生活条件使他们的生活方式、利益和教育程度与其他阶级的生活方式、利益和教育程度各不相同并互相敌对,就这一点而言,他们是一个阶级。而各个小农彼此间只存在地域的联系,他们利益的同一性并不使他们彼此间形成共同关系,形成全国性的联系,形成政治组织,就这一点而言,他们又不是一个阶级。因此,他们不能以自己的名义来保护自己的阶级利益,无论是通过议会或通过国民公会。他们不能代表自己,一定要别人来代表他们。他们的代表一定要同时是他们的主宰,是高高站在他们上面的权威,是不受限制的政府权力,这种权力保护他们不受其他阶级侵犯,并从上面赐给他们雨水和阳光。所以,归根到底,小农的政治影响表现为行政权支配社会。

历史传统在法国农民中间造成了一种迷信，以为一个名叫拿破仑的人将会把一切美好的东西送还他们。于是就出现了一个人来冒充这个人，只是因为他——根据拿破仑法典规定："不许寻究父方"——取名为拿破仑。经过20年的流浪生活和许多荒唐冒险行径之后，预言终于实现了，这个人成了法国人的皇帝。侄子的固定观念实现了，因为这个观念是和法国社会中人数最多的阶级的固定观念一致的。

但是，也许有人会反驳我说：在半个法国不是发生过农民起义吗？军队不是围攻过农民吗？农民不是大批被捕，大批被流放吗[①]？

从路易十四时起，在法国农民还没有"因为蛊惑者的阴谋"而遭到过这样的迫害。

但是，要很好地了解我的意思。波拿巴王朝所代表的不是革命的农民，而是保守的农民；不是力求摆脱其社会生存条件即小块土地的农民，而是想巩固这种条件的农民；不是力求联合城市并以自己的力量去推翻旧制度的农村居民，而相反，是愚蠢地拘守这个旧制度，期待帝国的幽灵来拯救自

---

① 1851年12月共和派在巴黎举行了反对波拿巴政变的起义。外省农民、小城镇手艺人、工人、商人和知识分子等也纷纷起义。反抗波拿巴的运动波及法国东南部、西南部和中部20多个省，将近200个地区。但是，由于缺乏统一领导，起义很快就被警察和政府军队镇压。

马克思在这里把波拿巴当局对包括农民在内的共和派运动采取的报复措施，同19世纪二三十年代德国当局对所谓蛊惑者采取的迫害行动作了类比。

己和自己的小块土地并赐给自己以特权地位的农村居民。波拿巴王朝所代表的不是农民的开化，而是农民的迷信；不是农民的理智，而是农民的偏见；不是农民的未来，而是农民的过去；不是农民的现代的塞文①，而是农民的现代的旺代。②

议会制共和国的三年的严酷统治，使一部分法国农民摆脱了对于拿破仑的幻想，并使他们（虽然还只是表面上）革命化了；可是，每当他们发动起来的时候，资产阶级就用暴力把他们打回去。在议会制共和国时期，法国农民的现代意识和传统意识展开了斗争；这一过程是在教师和教士的不断斗争的形式下进行的。资产阶级压倒了教师。农民第一次力图对政府的行动采取独立的态度；这表现在镇长和县官之间的不断冲突上。资产阶级撤换了镇长。最后，法国各地农民在议会制共和国时期曾起来反对他们自己的产物，即军队。资产阶级用宣布戒严和死刑惩罚了他们。这个资产阶级现在却公然叫喊什么群众是可鄙的群氓，十分愚蠢，说这些群众

---

① 塞文是法国南部朗基多克省的一个山区，1702—1705年爆发了农民起义，被称为"卡米扎尔"（"穿衬衫的人"）起义。由于新教徒遭受迫害而引起的这些起义具有明显的反封建性质。个别地方直到1715年还有这类起义发生。
② 旺代是法国西部的一个省。1793年春季，该省经济落后地区的农民在贵族和僧侣唆使和指挥下举行反对法国大革命的暴动，围攻并夺取了共和国军队所防守的索谬尔城。暴动于1795年被平定，但是在1799年和以后的年代中又多次试图叛乱。旺代因此而成为反革命叛乱策源地的代名词。

把它出卖给波拿巴了。它自己曾以暴力加强了农民阶级对帝制的信赖，它曾把这种农民宗教产生的条件保留下来。当群众墨守成规的时候，资产阶级害怕群众的愚昧，而在群众刚有点革命性的时候，它又害怕起群众的觉悟了。

在政变以后发生的各次起义中，一部分法国农民拿起武器抗议他们自己在1848年12月10日的投票表决。1848年以来的教训，使他们学聪明了。但是他们已经投身于历史的地狱，历史迫使他们履行诺言，而大多数农民当时还抱有成见，以致恰恰是在最红的省份中农村居民公开投波拿巴的票。按照他们的意见，国民议会妨碍了波拿巴的活动。波拿巴只是现在才打破了城市加之于乡村意志的桎梏。有些地方，农民甚至荒唐地幻想在拿破仑身旁建立一个国民公会。

第一次革命把半农奴式的农民变成了自由的土地所有者之后，拿破仑巩固和调整了某些条件，保证农民能够自由无阻地利用他们刚得到的法国土地并满足其强烈的私有欲。可是法国农民现在没落的原因，正是他们的小块土地、土地的分散，即被拿破仑在法国固定下来的所有制形式。这正是使法国封建农民成为小块土地的所有者，而使拿破仑成为皇帝的物质条件。只经过两代就产生了这样不可避免的结果：农业日益恶化，农民负债日益增加。"拿破仑的"所有制形式，在19世纪初期原是保证法国农村居民解放和富裕的条件，而在这个世纪的过程中却已变成使他们受奴役和贫穷化的法律了。而这个法律正是第二个波拿巴必须维护的"拿破仑观念"中的第一个观念。如果他和农民一样,还有一个错觉,以为农民破产的原因不应在这种小块土地的所有制中去探求,而应在这种土地所有制以外,在一些次要情况的影响中去探求,那么,他的实验一碰上生产关系,就会像肥皂泡一样地破灭。

小块土地所有制的经济发展根本改变了农民对其他社会阶级的关系。在拿破仑统治时期,农村土地的小块化补充了城市中的自由竞争和正在兴起的大工业。①农民阶级是对刚被推翻的土地贵族的普遍抗议。②小块土地所有制在法国土地上扎下的根上剥夺了封建制度的一切营养物。小块土地的界桩成为资产阶级抵抗其旧日统治者的一切攻击的自然堡垒。但是在19世纪的过程中,封建领主已由城市高利贷者所代替;土地的封建义务已由抵押债务所代替;贵族的地产已由资产阶级的资本所代替。农民的小块土地现在只是使资本家得以从土地上榨取利润、利息和地租,而让农民自己考虑怎样去挣自己的工资的一个借口。法国土地所负担的抵押债务每年从法国农民身上取得的利息,等于英国全部国债的年债息。受到资本这样奴役的小块土地所有制(而它的发展不可避免

---

① 在1852年版中这之后还有如下几句话:"对农民阶级实行优待本身有利于新的资产阶级制度。这个新造就的阶级是资产阶级制度向城市以外的地区的全面伸延,是资产阶级制度在全国范围内的实施。"
② 在1852年版中这之后还有如下一句话:"如果说它首先受到优待。那么它还首先为封建领主的复辟提供了进攻点。"

原著
选读

地要招致这样的奴役）使法国的一大半国民变成穴居人。1 600万农民（包括妇女和儿童）居住在洞穴中，大部分的洞穴只有一个洞口，有的有两个小洞口，最好的也只有三个洞口。而窗户之于住房，正如五官之于脑袋一样。资产阶级制度在本世纪初曾让国家守卫新产生的小块土地，并且尽量加以赞扬，现在却变成了吸血鬼，吸吮它的心血和脑髓并把它投入资本的炼金炉中去。拿破仑法典现在至多也不过是一个执行法庭判决、查封财产和强制拍卖的法典。在法国，除了官方计算的400万（包括儿童等等）乞丐、游民、犯人和妓女之外，还有500万人濒于死亡，他们或者是居住在农村，或者是带着他们的破烂和孩子到处流浪，从农村到城市，又从城市到农村。一句话，农民的利益已不像拿破仑统治时期那样和资产阶级的利益、和资本相协调，而是和它们相对立了。因此，农民就把负有推翻资产阶级制度使命的**城市无产阶级**看作自己的天然同盟者和领导者。可是，**强有力的和不受限制的政府**（这是第二个拿破仑应该实现的第二个"拿破仑观念"）应该用强力来保卫这种"物质的"秩序。这种"物质秩序"也是波拿巴反对造反农民的一切文告中的口号。

小块土地除了肩负资本加于它的抵押债务外，还肩负着**赋税**的重担。赋税是官僚、军队、教士和宫廷的生活源泉，一句话，它是行政权整个机构的生活源泉。强有力的政府和繁重的赋税是一回事。小块土地所有制按其本性说来是全能的和无数的官僚立足的基地。它造成全国范围内各种关系和个人的划一的水平。所以,它也就使得一个最高的中心对这个划一的整体的各个部分发生划一的作用。它消灭人民群众和国家权力之间的贵族中间阶梯。所以它也就引起这一国家权力的全面的直接的干涉和它的直属机关的全面介入。最后,它造成没有职业的过剩人口,使他们无论在农村或城市都找不到容身之地,因此他们钻营官职,把官职当作一种体面的施舍,迫使增设官职①。拿破仑借助于他用刺刀开辟的新市场,借助于对大陆的掠夺,连本带利一并偿还了强制性赋税。这种赋税曾是刺激农民发展产业的手段,而现在赋税却使这些产业失去最后的资源,失去抵御贫穷化的最后的可能性。大批衣着华贵和脑满肠肥的官僚,是最符合第二个波拿巴心意的一种"拿破仑观念"。既然波拿巴不得不创造一个和社会各真实阶级并列的人为等级,而对这个等级说来,保存他的制度又如同饭碗问题一样的迫切,那么,事情又怎能不是这样呢?正因为如此,他的最初的财政措施之一就是把官吏薪俸提高到原来的水平,并添设了领干薪的新官职。

---

① 在1852年版中这后面还有如下一段话:"在拿破仑时期,这一大批政府人员不仅仅直接提供生产成果,因为他们在公共工程等的形式下采用国家的强制手段为新形成的农民阶级做出了资产阶级在私人产业的道路上还不可能做出的事情。国家赋税是维持城市和农村之间交换的必要的强制手段,否则,小块土地所有者就会像在挪威和瑞士的一部分地区那样由于农民的自给自足而破坏同城市的联系。"

另一个"拿破仑观念"是作为政府工具的**教士**的统治。可是,如果说刚刚出现的小块土地由于它和社会相协调,由于它依赖自然力并且对从上面保护它的权威采取顺从态度,因而自然是相信宗教的,那么,债台高筑、同社会和权威反目并且被迫越出自己的有限范围的小块土地自然要变成反宗教的了。苍天是刚才获得的一小块土地的相当不错的附加物,何况它还创造着天气;可是一到有人硬要把苍天当作小块土地的代替品的时候,它就成为一种嘲弄了。那时,教士就成为地上警察的涂了圣油的警犬——这也是一种"拿破仑观念"①。对罗马的征讨下一次将在法国内部进行,不过它的意义和蒙塔朗贝尔先生所想的②刚刚相反罢了。

最后,"拿破仑观念"登峰造极的一点,就是军队占压倒的优势。军队是小农的光荣,军队把小农造就成为英雄,他们保护新得的财产免受外敌侵犯,颂扬他们刚获得的民族性,掠夺世界并使之革命化。军服是他们的大礼服,战争是他们的诗篇,在想象中扩大和完整起来的小块土地是他们的祖国,而爱国主义是财产观念的理想形态。可是,现在法国农民为了保护自己的财产所要对付的敌人,已不是哥萨克,而是法

---

① 在1852年版中这后面还有如下一句话:"和拿破仑时期不同,在第二个波拿巴时期地上警察的使命不是监视城市里的农民体制的敌人,而是监视农村里的波拿巴的敌人。"
② 指正统派首领沙·蒙塔朗贝尔1850年5月22日在一篇演说中要求国民议会议员"同社会主义进行严肃的斗争"。

警和税吏了。小块土地已不是躺在所谓的祖国中,而是存放在抵押账簿中了。军队本身已不再是农民青年的精华,而是农民流氓无产阶级的败类了。军队大部分都是招募来的新兵,都是些替手,正如第二个波拿巴本人只是一个招募来的人物,只是拿破仑的替手一样。现在军队是在执行宪兵职务围捕农民时树立英雄业绩的;所以,如果十二月十日会的头目在其制度内在矛盾驱使下到法国境外去用兵,那么军队在干了几桩强盗勾当后就不是获得光荣,而是遭到痛打了。

这样,我们就看到,**一切"拿破仑观念"都是不发达的、青春年少的小块土地所抱的观念**;对于已经衰老的小块土地说来,这些观念是荒谬的,它们只是它临死挣扎时的幻觉,只是变成了空话的词句,只是变成了幽灵的魂魄。但是,为了使法国国民大众解脱传统的束缚,为了使国家权力和社会之间的对立以纯粹的形态表现出来,一出模仿帝国的滑稽剧是必要的。随着小块土地所有制日益加剧的解体,建立在它上面的国家建筑物将倒塌下去。现代社会所需要的国家中央集权制,只能在和封建制度斗争中锻炼出来的军事官僚政府

原著
选读

机器的废墟上建立起来①。

12月20日和21日大选的谜,要从法国农民的状况中找到解答。这次大选把第二个波拿巴推上西奈山②,并不是为了让他去接受法律,而是为了让他去颁布法律。③

显然,资产阶级现在除了投票选举波拿巴之外,是再没

---

① 在1852年版中没有最后这两句话,本段的结尾是这样写的:"打碎国家机器丝毫不会危及中央集权制。官僚政治不过是中央集权制还受其对立物即封建制度累赘时的低级和粗糙形态。法国农民一旦对拿破仑帝制复辟感到失望,就会把对于自己小块土地的信念抛弃;那时建立在这种小块土地上面的全部国家建筑物,都将会倒塌下来,于是无产阶级革命就会得到一种合唱,若没有这种合唱,它在一切农民国度中的独唱是不免要变成孤鸿哀鸣的。"
② 西奈山是阿拉伯半岛上的山脉。据圣经传说,摩西在西奈山上聆受了耶和华的"十诫"。(见《旧约全书·出埃及记》第19—20章)
③ 在1852年版中这段话是这样写的:"12月20日和21日大选的谜,要从法国农民的状况中找到解答。这次大选把第二个波拿巴推上西奈山,并不是为了让他去接受法律,而是为了让他去颁布和执行法律。的确,法国民族在那些灾难的日子里犯了反对民主主义的滔天大罪。民主主义跪倒在地,每天祷告:神圣的普选权,求您帮帮我们! 普选权的信奉者自然不愿意放弃一种神奇的力量,因为它可以使他们成就大业,可以把第二个波拿巴变成拿破仑,把扫罗变成保罗,把西门变成彼得。国民精神通过选票箱对他们说话,就像先知以西结对枯干的骸骨说话:'Haec dicit dominus deus ossibus suis: Ecce, ego intromittam in vos Spiritum et vivetis.' '主耶和华对这些骸骨如此说,我必使气息进入你们里面,你们就要活了。'"

有别的出路了。①当清教徒在康斯坦茨宗教会议②上诉说教皇生活淫乱并悲叹必须改革风气时,红衣主教皮埃尔·大利向他们大声喝道:"现在只有魔鬼还能拯救天主教会,而你们却要求天使!"法国资产阶级在政变后也同样高声嚷道:现在只有十二月十日会的头目还能拯救资产阶级社会!只有盗贼还能拯救财产;只有假誓还能拯救宗教;只有私生子还能拯救家庭;只有无秩序还能拯救秩序!

波拿巴作为一种已经成为独立力量的行政权,自命为负有保障"资产阶级秩序"的使命。但是这个资产阶级秩序的力量是中间阶级。所以他就自命为中间阶级的代表人物,并颁布了相应的法令。可是,他之所以能够成为一个人物,只是因为他摧毁了并且每天都在重新摧毁这个中间阶级的政治力量。所以他又自命为中间阶级的政治力量和著作力量的敌人。可是,既然他保护中间阶级的物质力量,那么也就不免要使这个阶级的政治力量重新出现。因此必须保护原因并在结果出现的地方把结果消灭掉。但是,原因和结果总不免有某些混淆,因为原因和结果在相互作用中不断丧失自己的独

---

① 在1852年版中这后面还有如下一句话:"专制或者无政府主义,它自然投票赞成专制。"
② 康斯坦茨宗教会议(1414—1418年)是在宗教改革运动开始后为巩固天主教会的已经动摇的地位而召开的。这次会议谴责了宗教改革运动的首领约·威克利夫和杨·胡斯的教理,消除了天主教会的分裂状态并选出新的教会首脑以代替三个争夺教皇皇位的人。

特的标志。于是就有抹掉界限的新法令出现。同时波拿巴认为自己和资产阶级不同，他自命为农民和一般人民的代表，想使人民中的下层阶级在资产阶级社会的范围内得到幸福。于是就有一些预先抄袭"真正的社会主义者"①的治国良策的新法令出现。但是波拿巴首先觉得自己是十二月十日会的头目，是流氓无产阶级的代表。他本人、他的亲信、他的政府和他的军队都属于这个阶级，而这个阶级首先关心的是自己能生活得舒服，是从国库中抽取加利福尼亚的彩票。于是他就以颁布法令、撤开法令和违反法令来证实他真不愧为十二月十日会的头目。

  这个人所负的这种充满矛盾的使命，就可以说明他的政府的各种互相矛盾的行动，这个政府盲目摸索前进，时而拉拢这个阶级，时而又拉拢另一个阶级，时而侮辱这个阶级，时而又侮辱另一个阶级，结果使一切阶级一致起来和它作对。他这个政府在实际行动上表现的犹豫，和他从伯父那里盲目抄袭来的政府法令的独断果敢的风格形成一种十分可笑的对照。

  工业和商业，即中间阶级的事业，应该在强有力的政府治理下像温室中的花卉一样繁荣。于是就让出了无数的铁路

---

① "真正的社会主义者"这一概念原是指1845年左右德国流行的所谓德国的或"真正的"社会主义思潮，马克思在这里是指大约1850年初法国的所谓社会民主派。

承租权。但是波拿巴派的流氓无产阶级是要发财致富的。于是就有事先知悉秘密的人在交易所进行承租权上的投机。但是建筑铁路的资本又没有。于是就强令银行以铁路股票作抵押来发放贷款。但是银行同时应该由波拿巴本人来经营，因此就应该优待银行。于是银行就免除了公布每周结算的义务，它和政府订立了只对它有利的契约。人民应该有工作。于是就举办公共工程。但是公共工程增加人民的税金。因此必须对食利者下手，把利息由五厘改为四厘半，以此来减低税额。但是必须再给中间等级一些甜头；因此零买酒喝的大众的葡萄酒税增加了一倍，而大批买酒喝的中间等级的酒税却减低了一半。现有的工人团体被解散了，但是许诺将来会出现团体的奇迹。必须帮助农民。于是抵押银行就加重农民债务并加速财产集中。但是必须利用这些银行来从被没收的奥尔良王室财产中榨取金钱。可是没有一个资本家同意这个在法令中没有规定的条件，结果抵押银行也就始终只是一纸法令，如此等等。

　　波拿巴想要扮演一切阶级的家长似的恩人。但是，他要是不从一个阶级取得一些什么，就不能给另一个阶级一些什么。正如吉兹公爵在弗伦特运动时期由于曾把自己的一切财产变成他的党徒欠他的债务而被称为法国最该受感激的人一样，波拿巴也想做法国最该受感激的人，把法国所有的财产和所有的劳动都变成欠他个人的债务。他想窃取整个法国，以便将它再赠给法国,或者说得更确切些,以便能够用法国的钱再来购买法国,因为他作为十二月十日会的头目,就不得不收买应归他所有的东西。于是所有一切国家设施,即参议院、国务会议、立法机关、荣誉军团勋章、士兵奖章、洗衣房、公共工程、铁路、没有士兵的国民自卫军司令部以及被没收的奥尔良王室财产,都成了购买对象。军队和政府机器中的每一个位置,都成了购买手段。然而在这种先把法国攫取过来,然后再把它交给法国自己的过程中,最重要的东西还是在买卖过程中流到十二月十日会的头目和会员的腰包里去的利息。莫尔尼先生的情妇L.伯爵夫人,对没收奥尔良王室财产一事曾说过这样一句俏皮话:"C'est le premier vol de l'aigle"①("这是鹰的最初的飞翔"),这句俏皮话,对于这只毋宁说是乌鸦的鹰的每一次飞翔都可以适用。一个意大利的加尔都西会修士曾对一个夸耀地计算自己还可以受用多年的财产的守财奴说过:"Tu fai conto sopra i beni, bisogna prima far il conto sopra gli anni"。②波拿巴和他的信徒每天都对自己说这句话。为了不致算错年月,他们按分钟来计算。钻进宫廷,钻进内阁,钻进行政机关和军队的上层去的是一群连其中最好的一个也来历不明的流氓,是一群吵吵嚷嚷的、声名狼藉的、贪婪的浪荡者。他们穿着华丽的

---

① vol有"飞翔"和"盗窃"两个意思。
② "你总是计算你的财产,但你最好是先计算一下你的年岁"。

衣服，装出俨如苏路克的高官显宦那样可笑的庄严的样子。如果人们注意到，**韦隆—克勒维尔**①是十二月十日会的道德说教者，**格朗尼埃·德卡桑尼亚克**是它的思想家，那么人们对这个会的上层人物就能有个清楚的概念了。基佐主持内阁的时候，曾在一家地方小报上利用这个格朗尼埃作为攻击王朝反对派的工具，并且通常都给他如下的好评："C'est le roi des drles"，"这是丑角之王"。如果把路易·波拿巴的朝廷和亲属拿来跟摄政时期②或路易十五统治时期相提并论，那是不公正的。因为"法国已不止一次地有过姘妇的政府，但是从来还没有过面首的政府"③④。

波拿巴既被他的处境的自相矛盾的要求所折磨，并且像个魔术家不得不以日新月异的意外花样吸引观众把他看作拿破仑的替身，换句话说，就是不得不每天举行小型的政变，于是他就使整个资产阶级经济陷于全盘混乱状态，侵犯一切在1848年革命中看来是不可侵犯的东西，使一些人对革命表示冷淡而使另一些人奋起进行革命，以奠定秩序为名而造成

---

① 巴尔扎克在其长篇小说《贝姨》中，把克勒维尔描绘为最淫乱的巴黎庸人，这个克勒维尔是以《立宪主义者报》报社主人韦隆博士为模特描摹出来的。
② 指法国奥尔良王室的菲力浦摄政时期（1715—1723年）。当时路易十五尚未成年。
③ 德·日拉丹夫人的话。
④ 在1852年版中本段的结尾是这样写的："卡托为了在极乐世界同英雄相会，宁愿一死！可怜的卡托！"

真正的无政府状态，同时又使整个国家机器失去圣光，渎犯它，使它成为可厌而又可笑的东西。他模仿特里尔的圣衣[①]礼拜仪式在巴黎布置拿破仑皇袍的礼拜仪式。但是，如果皇袍终于落在路易·波拿巴身上，那么拿破仑的铜像就将从旺多姆圆柱[②]顶上倒塌下来。

---

① 特里尔的圣衣是保存在特里尔教堂里的天主教圣物，据说是耶稣受刑时脱下的。特里尔的圣衣是朝圣者的崇拜物。
② 旺多姆圆柱（Vendome-Colonne）又称凯旋柱。它是为了纪念拿破仑第一的战功，于1806—1810年在巴黎旺多姆广场修建的。整个圆柱全部用缴获的武器上的青铜制成，顶上铸有一座拿破仑雕像，雕像在复辟时期被拆除。但在1833年又重新复原。1871年根据巴黎公社的决议，旺多姆圆柱作为军国主义的象征被推倒。1875年圆柱又被资产阶级政府修复。